U0464516

电力营销数字化稽查
典型案例

国网长治供电公司　编

中国电力出版社
CHINA ELECTRIC POWER PRESS

内 容 提 要

本书紧扣当前数字化转型方向和国家电网有限公司数字化内控体系建设目标，按照业扩报装、电费电价、计量采集、客户用电安全检查服务、客户服务和新兴业务六大营销专业核心业务和风险内控要求，基于信息化检测方式和大数据分析技术，从异常检测、现场核查、整改成效、稽查依据、防控措施等方面总结提炼，选取基层营销稽查业务层面内稽外查真实场景的43个实操案例，为电力营销稽查人员提供了一些具体、实用、可操作的数字化稽查方法，可作为指导地市、县供电公司营销稽查人员的实操稽查工具和业务手册。

本书可供电网企业各级供电单位电力营销管理、营销稽查、用电检查及营销相关专业人员学习使用，也可供相关专业人员参考。

图书在版编目（CIP）数据

电力营销数字化稽查典型案例/国网长治供电公司编 . —北京：中国电力出版社，2022.4（2024.12重印）

ISBN 978 - 7 - 5198 - 6531 - 3

Ⅰ. ①电… Ⅱ. ①国… Ⅲ. ①电力工业－市场营销学－检查－数字化－案例－中国 Ⅳ. ①F426.61 - 39

中国版本图书馆 CIP 数据核字（2022）第 029676 号

出版发行：中国电力出版社
地　　址：北京市东城区北京站西街 19 号（邮政编码 100005）
网　　址：http://www.cepp.sgcc.com.cn
责任编辑：畅　舒（010-63412312）
责任校对：黄　蓓　郝军燕
装帧设计：赵丽媛
责任印制：吴　迪

印　　刷：三河市万龙印装有限公司
版　　次：2022 年 4 月第一版
印　　次：2024 年 12 月北京第三次印刷
开　　本：710 毫米×1000 毫米　16 开本
印　　张：11.5
字　　数：184 千字
册　　数：4001—5000 册
定　　价：69.00 元

　　电力营销稽查工作是电网企业健全和完善内控约束机制的重要组成部分，主要依据国家法律法规、行业准则、技术规范和电力营销稽查办法，针对优化电力营商环境等国家重点部署落实情况和企业经营管理、营销业务质效、供用电服务等进行合规性监督和检查，以达到企业整体机制健康运行、企业社会服务形象提升的目的。

　　社会的进步、经济的发展催生了企业管理手段的变化。当电网企业进入信息化建设时代后，也促使电力营销稽查从传统稽查方式向数字化稽查模式的转型，亟须利用数字赋能，精准实施电力营销业务风险识别和防控，全面提升营销业务质效和供电服务水平，不断满足人民日益增长的美好生活需要。

　　国家电网有限公司从2010年启动营销稽查体系建设以来，经过机构职责变更调整、技术平台迭代升级，到2020年明确提出了构建"查改防"一体化的智慧数字稽查新模式的工作目标。为解决当前电力营销数字化稽查培训教材缺乏的问题，提高基层电力营销稽查岗位培训的针对性和实用性，国网长治供电公司组织编写了《电力营销数字化稽查典型案例》一书，是落实国家电网有限公司客户服务数字化转型要求的具体举措，标志着电力营销稽查工作在数字化转型道路上迈出了坚实的一步。

　　该书编写内容坚持问题和目标导向，以夯实基础、规范管理为工作主线，汲取公司系统近年历次内外部检查、审计、巡查暴露出的普发性、典型性、重大的各类问题，按照业扩报装、电费电价、计量采集、客户用电安全检查服务、客户服务、新兴业务等六大营销专业核心业务和风险内控要求，选取公司系统内查处的违规业务和违约用电的真实场景，基于信息化检测方式和大数据分析技术，从异常监测、现场核查、整改成效、稽查依据、防控措施等方面总结提炼，为电力营销稽查人员提供了一些具体、实用、可操作的数字化稽查方法，可作为指导地市、县供电公司营销稽查人员的实操化稽查工具和业务手册。

该书的部分内容以国家电网有限公司及山西省电力公司、长治供电公司关于营销稽查相关文件资料作为参考依据，编写组成员均为公司基层营销内稽外查人员，能够较好地将营销稽查实践经验加以总结提炼，但是数字化转型是不断迭代发展的过程，相关认知和电力营销数字化稽查实践也不断深化，书中难免存在不足之处，恳请广大读者谅解并批评指正。

编　者

2022 年 3 月

目　录

第 1 章

电力营销数字化稽查概述

新一轮信息技术革命蓬勃发展，推动全球加速进入数字经济时代。按照国务院关于加快发展数字经济，推动实体经济和数字经济融合发展的重要部署，国资委印发了《关于加快推进国有企业数字化转型工作的通知》，为国企数字化转型指明了方向。

电网企业作为关系国家能源安全和国民经济命脉的特大型国有重点骨干企业，数字化是适应能源革命和数字革命相融并进趋势的必然选择，利用数字技术大力改造提升传统电网业务，是电网企业促进生产提质、经营提效、服务提升的内在要求。

当前，电力监管日趋严格，社会各界对电网企业履行社会责任、服务保障民生高度关注，依法治企和合规经营工作必须摆在突出位置。电力营销作为电网企业主营业务收入的最主要来源，营销工作直接面对千家万户，与社会各方面都有接触，亟须加强营销全业务、全流程、全环节监督管控，向精益管理要效益，助力企业提质增效、稳健经营。随着电力营销业务的快速发展，传统的业务管控模式和"人海战术"已越来越难以满足现代企业治理的需要，亟须利用数字赋能，构建"查改防"一体化的电力营销数字化稽查新模式，精准实施电力营销业务风险识别和防控，全面提升电力营销服务品质，不断满足人民日益增长的美好生活需要。

本章将简述电力营销数字化稽查的必要性、重要性、发展方向及相关内容，使读者了解电力营销业务风险数字化内控体系建设的背景和要义。

1.1 电力营销数字化稽查概要

电力营销稽查是查处电力营销工作中的责任事件、业务差错、违约用电和窃电行为，是电力市场公平交易和供用电规范服务的监督者，也是电网企业营销服务环节内控约束机制的主要组成部分，其定位是"内稽外查"。

一、电力营销稽查概念

电力营销稽查主要是对电网企业经营环节营销服务情况进行监督和检查，督促提升工作质量，促进营销部门和员工廉洁奉公、遵纪守法，提升企业社会服务形象，进一步健全和完善自我约束机制。电力营销稽查工作中内稽和外查不是目的，而是一种方法论，它不以追逐利益为目的，而以规范和公平为依托。

电力营销稽查主要依据国家法律法规、行业准则、技术规范和电力营销稽查办法，针对电网企业优化电力营商环境等国家重点部署落实情况和企业经营管理、营销业务质效、供用电服务进行合规性监督和检查，以达到企业整体机制健康运行、企业社会服务形象提升的目的。

二、电力营销稽查数字化转型必要性

大数据时代下，电网企业自身发展应更加精益化、更加智能化，这就要求电力营销稽查工作必须要达到更精细、更实时的管控标准，但是传统的电力营销稽查管理工作，它的时效性、精准性已不能满足当前工作需要。为此，电网企业应以国家法律法规政策为支撑，再配套完善相关业务标准和服务规范，充分应用营销信息化成果和大数据分析技术，强化风险数据深度挖掘应用，创新风险预警手段，迭代风险溯源分析主题，拓展风险防控深度和广度，全面提升营销业务风险防控能力，推动电网企业经营效益和服务品质持续提升。

三、电力营销数字化稽查发展方向

电力营销业务开展中，有点多面广、业务量大、作业分散、流程复杂、时效性要求高、客户接触多等特点，近年来，新兴营销业务的崛起、客户服务需求的多样化和电力监管的日趋严格等多种因素，给电力营销稽查工作带来了新要求、提出了新挑战、指明了新方向。今后，电力营销稽查工作必须坚持数据驱动的技术路径，融合现行的各类电力营销业务系统资源和优势，建立数据业务中台，突出利用其数据深度挖掘、横向集成、综合分析，确保电力营销数字化稽查智能化、自动化、精准化水平全面提升。必须坚持防治结合的工作原则，深化稽查监控成果应用，推动事后稽查向事前预警、事中管控、事后治愈转变，确保从源头防范重大风险事件发生，营销业务风险可控在控。最终实现传统稽查向数字稽查转变、专业稽查向协同稽查转变、周期稽查向实时稽查转变、闭门稽查向移动稽查转变、被动稽查向自主稽查转变，切实构建一套健全的"查改防"一体化的电力营销数字化稽查新模式。

1.2 电力营销业务风险数字化内控体系要义

近年来，国家电网有限公司高度重视电力营销稽查工作与质量监督体系建设工作，建立了完整的组织体系、业务体系和制度体系，电力营销精益管理和供电优质服务水平持续提升，提质增效成果显著。但从近年历次内外部检查、审计、巡查暴露出的普发性、典型性、重大的各类问题来看，企业营销基础管理和营销业务风险防控仍存在一些薄弱环节，亟须强化信息化支撑，深化数字化转型，开展电力营销业务风险数字化内控体系建设，全面落实依法治企，全面夯实营销基础，防范营销重大风险，提升营销服务品质，推动营销高质量发展。

一、建设思路

聚焦营销全业务、全流程、全环节风险点，建立健全涵盖"事前预警、事中管控、事后稽查"的营销业务风险数字化内控体系，强化信息化支撑，深化数字化转型，通过在电力营销业务应用系统中各业务环节内嵌校验规则，开展在途业务流程过程性预警防控以及结果性问题深度稽查，推进业务异常事前消缺、工作差错事中管控、业务质量事后把关，切实降低业务差错。完善分级预警、闭环管控、质量评价等工作机制，全面提升营销业务风险防控能力，推动电网企业经营效益和服务品质持续提升。

二、建设原则

（1）坚持问题导向。聚焦营销工作质量问题和业务流程风险，重点关注高风险领域和专业，明确关键管控环节，及时发现并处置业务风险，推动营销管理水平持续提升。

（2）坚持数字赋能。应用营销信息化成果和大数据分析技术，强化风险数据深度挖掘应用，创新风险预警手段，迭代优化风险溯源分析主题，拓展风险防控深度和广度。

（3）坚持分级管控。建立分级管理、分级预警、分级督办的风险管控工作机制，覆盖营销全专业、贯穿管理各层级，实现全过程风险识别和管控。

（4）坚持协同闭环。强化横向专业协同，纵向各级联动，形成风险防控工作合力，强化问题闭环整治，协同高效推进风险防控工作。

三、建设目标

构建营销全业务、全流程、全环节风险防控长效机制和信息化功能模块，基本建成"事前预警、事中管控、事后稽查"的营销业务风险管控新模式，实现对业务风险点的全面覆盖、分级防控、实时预警和快速响应。

四、建设任务

建立营销业务风险数字化内控体系。坚持以防为主、防控结合，以省级电网企业为主体，落实风险防控责任，细化风险管控重点，构建数字化"嵌入式校验、过程化预警、结果性稽查"三道防线，强化"事前、事中、事后"全过程管控。

强化营销业务风险数字化内控功能建设。坚持实用、好用、管用，稳步推进信息系统"嵌入式校验、过程化预警、结果性稽查"等功能建设，强化信息系统对营销业务风险防控的全面支撑。

健全营销业务风险数字化内控工作机制。坚持总部评价、省级总控、地市（县）级具体防控，加快构建总部-省-市-县-所（站）五级营销业务风险防控工作体系，完善分级预警、闭环管控、质量评价等工作机制，确保营销业务风险防控能力全面提升。

电力营销数字化稽查由业务驱动向数据驱动与业务驱动相结合转变，由事后处理向事前预警和事中掌控转变，实现营销稽查思想和技术手段的革命，深挖数据价值，让数据多跑路，人员少跑腿，扎实推进提质增效。

第 2 章

电力营销数字化稽查机制探索和实践

电力营销数字化转型不是传统的自上而下推进，而是双向发力、迭代创新。在技术路线、通信协议、接口标准、数据规范等方面，需要通盘考虑、系统规划、统筹推进；在具体应用开发、业务开拓上，需要更加尊重基层首创，激励广大干部职工在实践中大胆探索、迭代完善、创新突破。

为深入贯彻落实国家电网有限公司"建设具有中国特色国际领先的能源互联网企业"战略目标，聚焦"一体四翼"发展布局，国网山西省电力公司积极落实《国家电网有限公司关于开展营销业务风险数字化内控体系建设的指导意见》的工作部署，完善机制体制建设，构建省、市、县三级稽查内控体系，以线上化、数字化、智能化营销稽查为主线，持续深化在线-专项-现场"三位一体"稽查，全面强化稽查与业务联防联治"双闭环"管控机制，探索实践"查改防"一体化的营销数字化稽查新模式，全面推动营销基础管理与优质服务水平"双提升"。

为顺应电力营销服务数字化转型发展趋势，建立营销业务内控管理体系，提高电力营销稽查工作质效，2020 年以来，国网长治供电公司深化应用"七步工作法"营销数字化稽查新模式，治理典型问题，补齐业务短板，规范制度流程，推动营销稽查业务数字化转型。

本章将介绍电力营销业务数字化内控体系在电网企业营销管理和业务执行层面的总体定位、分析视角、体系重构、创新应用、实施路径等相关内容，使读者了解电力营销数字化稽查模式构建、业务转型、流程优化、专业融合、内控联动等工作目标和要求。

2.1 电力营销业务数字化内控体系构建

当前，在电力营销数字化转型发展趋势下，国网山西省电力公司在营销规范化体系建设、智能化与信息化支撑、新兴技术应用等方面，仍存在一定提升空间。亟须系统融合应用营销业务，完善事前、事中、事后，异动、异常和差错核查与管控，强化对基层的内控支撑力度，形成与营销业务融合的工作质量管控体系，推动业务管控由单兵作战向集团作战转变，构建具备山西特色的电力营销业务数字化内控体系。

一、建设思路

基于公司现有的管理体系，参考财政部 2014 年印发的《电力行业内部控制操作指南》中的"内部环境、风险评估、控制活动、信息沟通、内部监督"五个要素，结合政策、山西现状、技术应用等要素，从人员能力提升角度出发，融合创新构建适合山西的电力营销业务数字化内控体系框架（见图 2-1）。

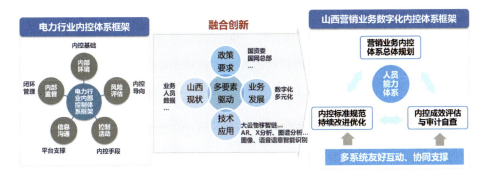

图 2-1　山西营销业务数字化内控体系建设思路

二、总体规划

明确营销业务数字化内控体系的建设目标和愿景定位，从风险防范、资源配置、目标管理等视角分析切入，制定内控体系具体策略；从体系重构、创新应用、实施保障三大方向，分别进行业务设计，并通过落地实施应用，形成具备山西特色的营销内控体系典型经验（见图2-2）。

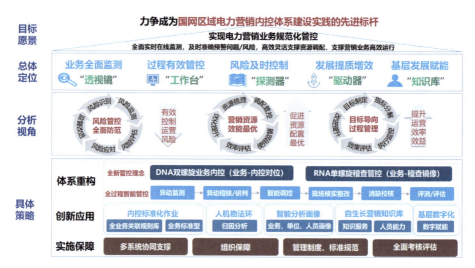

图2-2　山西营销业务数字化内控体系总体规划

三、目标定位

立足新形势下营销全业务发展态势，以"问题导向、目标导向、结果导向、责任导向"为指引，坚持全局视角，探索构建符合山西特色的营销业务数字化内控体系，力争成为营销全业务运行的"透视镜"、营销智能化内控的"工作台"、营销异常问题整改的"探测器"、营销发展提质增效的"驱动器"、赋能营销基层内控的"知识库"，实现管控过程由"查询验证"向"规划＋分析＋落实"转变，成为国网区域电力营销内控体系建设实践的先进标杆（见图2-3）。

图2-3　山西营销业务数字化内控体系目标定位

四、体系重构

（一） DNA 双螺旋业务内控

以客户全生命周期管理为主线，引入 DNA 理念，通过业务链-内控链对位方式，梳理确定内控关键节点，分颜色标示管控等级；结合"五位一体"工作要求，梳理确定每个内控节点的管控规则，辅助全业务链条全面监测、异动感知；梳理形成不同类型、不同级别的业务标准型，推动营销全业务规范化运行（见图 2-4）。

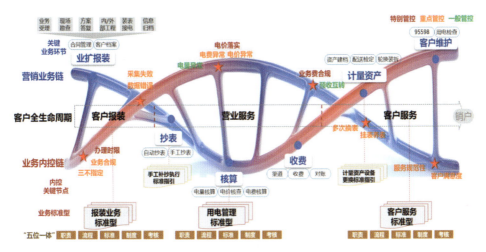

图 2-4　DNA 双螺旋业务内控

（二） RNA 单螺旋稽查管控

以俯瞰运行、不直接干预业务运转为原则，引入 RNA 理念，镜像营销业务链，创新提出异动跟踪、异常、差错捕捉管控的"七步工作法"；并坚持数据驱动、敏捷响应理念，创新应用智能图谱、全业务链分析、智能调控、人机物法环等，推动智能运转与人工处理的有机衔接，促进营销管控由事后控制向全过程实时化转变（见图 2-5）。

通过对具体营销业务应用场景的分析，综合客户动态和静态特征、业务流、数据流、黑白名单等要素，构建内控核查模型，支撑数字化内控作业执行的自动化、智能化。

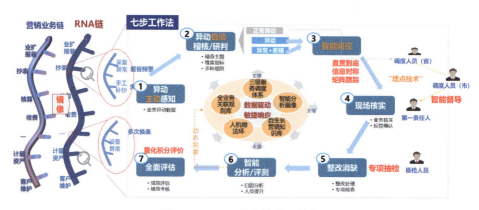

图 2-5　RNA 单螺旋稽查管控

五、实施路径

按照"统一规划、分步实施、协同配合"的工作思路，遵循"夯实基础、实战开展、全面提升、体系应用"的工作方法，通过"分阶段、有侧重、立标杆"的实施路径，以营销内控体系标准为指引，同步开展标准梳理和平台搭建，互相融合迭代，逐步优化完善，稳步推进体系建设成果落地应用（见图 2-6）。

图 2-6　山西营销业务数字化内控体系建设实施路径

目前，国网山西省电力公司立足营销业务发展全局，全业务、全环节、全流程集约管控，以"全面覆盖、重点管控、合理制衡、高效运转"为原则，引入 DNA 双螺旋业务内控、RNA 单螺旋稽查管控的管理理念，以业务数据为驱动，以直派工单为载体，依托三级服务调度体系，构建山西公司营销业务数字化内控体系，在"营销运行全景管控、业务异动智能感知、异常问题自查自愈、基层内控深度赋能、经营质效全面提升"等方面取得了初步成效。

通过建立营销业务数字化内控体系建设，深化大数据应用，依托网格化实现合理派工，提高现场检查人员响应速度，同时丰富数据来源，实现数据多跑路，人员少跑腿，营造了风清气正的用电秩序和环境。

2.2 电力营销数字化稽查机制实践

为全力推进国网山西省电力公司 2021 年度"营销数字化稽查深化应用"揭榜夺旗专业课题落地见效，提升数据后台在基础信息改善、业务规范提升与客户需求响应中的支撑作用，助力营销业务强基固本、提质增效，国网长治供电公司充分发挥营销业务数据规模优势，依托营销数字化稽查团队，立足营销业务风险防控的"吹哨人"和电力市场公平交易的"监督者"定位，创新应用营销数字化"七步工作法"稽查体系，以重构 DNA 双螺旋业务内控和 RNA 单螺旋稽查管控体系为目标，强化专业融合互动，贯通各层级内控联动，推进营销稽查业务数字化转型，助力公司营销服务工作高质量发展。

一切让数据说话，别只靠经验做主。电力营销数字化稽查"七步工作法"包含异动监测、异动稽核/研判、智能调控、现场核实整改、消缺校核、成效评测/评估、绩效考核七个环节（见图 2-7），在每个环节中充分融合营销稽查"三单两报一会"工作模式，同步建立营销稽查"信息库"和反窃查违"数据仓"，设立违规业务"反光镜"和违约客户"曝光台"，深挖营销数据资源价值，实现全业务、全过程、全环节的营销稽查管控。

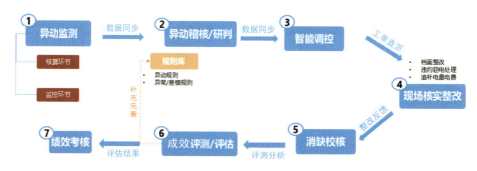

图 2-7　电力营销数字化稽查"七步工作法"业务环节

2020 年 9 月，按照国网山西省电力公司对营销机构调整的整体部署，国网长治供电公司营销业务管控与稽查中心作为营销业务支撑机构正式成立，设立营销稽控班、用电检查班，按照职责分工和业务规范开展"内稽外查"工作，具体业务流程如下（见附件 2-1）：

第一步　异动监测

稽查监控班负责对电力营销业务应用系统、电力用户用电信息采集系统和营销稽查监控系统等进行数字化日常在线监测，以客户全生命周期为主线，开展从客户报装到营业服务，直至客户销户为止的全业务链条监测，并作为各类稽查任务的发起点。

异动监测主要分为日常监测和专项监测，专责人应在规定时间内完成营销业务异常监测任务，同时负责对上级单位转派的异常信息工单进行收集整理，汇总后生成"营销业务异常信息清单"。

第二步　异动研判

稽查监控班负责人在3个工作日内，对"营销业务异常信息清单"所列异动数据进行集中分析后，将异常研判结果按照异常重要程度、业务分类、工作区域生成"营销稽查工作任务单"（见附件2-2），并纳入"营销异常稽查信息库"。

第三步　智能调控

营销业务管控与稽查中心业务主管负责在2个工作日对"营销稽查工作任务单"通过"分区、分级、分类"管理进行智能调控。

Ⅰ级异常（重大的、典型性异常）由用电检查班组织县（区）公司稽查外勤人员进行现场核实，并逐步完善营销稽查现场作业规范，形成标准化作业流程。

Ⅱ级异常（一般性、普发性异常）由用电检查班将"营销稽查工作任务单"转发至县（区）公司稽查外勤人员进行现场核实，并对工单进行闭环管控，确保异常及时处理。

Ⅲ级异常（数据类、基础性异常）由用电检查班将"营销稽查工作任务单"转发至县（区）公司稽查内勤人员核实整改，并对工单进行闭环管控，确保异常及时处理。

第四步　现场核实

现场检查前，营销稽查人员应严格按照现场作业安全规范要求，携带工作现场所需工具设备、证件和表单，做好必要的人身防护和安全措施，现场工作人数不得少于2人。

用电检查班负责在当月月末全部完成Ⅰ级异常现场核实工作。对异常情况存在争议或无法确定异常原因的应提前1个工作日发起"营销稽查工作联系单"（见附件2-3），联动相关专业人员配合完成现场核实。经现场核实后，异常属业务违规，应督促所属县（区）公司完成档案整改、发起退补、差错消缺；确有违约窃电行为，应遵循"依法合规、查处分离"的原则，现场向客户下达《用电检查工作通知单》，所属县（区）公司应督促客户完成整改、追补漏计电费和收缴违约使用电费；对现场存在重大供用电安全隐患和风险的客户，用电检查班应告知所属县（区）公司及时书面上报当地应急管理局等政府主管部门。

第五步 消缺校核

Ⅱ、Ⅲ级异常由所属县（区）公司完成消缺校核后，用电检查班负责在月底前对全部"营销稽查任务单"进行整理汇总，统计稽查成效和反窃查违成效，并传递给稽查监控班。稽查监控班对核查反馈为无异常的信息生成营销异常"白名单"，按照消缺办结汇总。

用电检查班对内外部检查、审计、巡查等各类监管中发现的营销异常、经现场核查属实的重大异常以及任务单超期未整改的异常，经公司营销部审批，向所属县（区）公司下发"营销稽查工作督办单"（见附件2-4），确保异常反馈及时，现场整改到位。

属于违规业务的，其中的典型案例整理纳入违规业务"反光镜"，属于违约窃电的，其中的典型案例整理成为违约客户"曝光台"。用电检查班负责每月10日前完成，供相关业务人员学习参考，提升反窃查违现场工作能力，逐步推动业务管控由事后整改向事前规范、事中预防转变。

稽查监控班负责将异动监测发现的异常数据和其他异常数据进行整理汇总，每月10日前完成营销稽查"信息库"更新，并统计异常准确率和异常整改率。次月15日前完成营销稽查工作月报（见附件2-5）编制，对当月营销稽查工作情况进行通报。

用电检查班负责每月月底前统计违约用电和窃电查处情况，稽查成效归入反窃查违"数据仓"。组织召开营销稽查月度分析例会，对当月进行的稽查、客户用电安全检查服务现场工作进行分析总结，安排下月工作重点，并于次月5日前完成会议纪要编制（见附件2-6）。

对当月稽查工作中发现的具有典型性、普发性和重大风险问题，通过组织专项和现场稽查，定期完成相关营销稽查主题报告（见附件2-7）编制，及时上报可能存在的风险事件，助力提升营销风险防控能力。

第六步 成效评估

营销数字化稽查"七步工作法"按照工作开展情况，定期对电力营销数字化稽查"七步工作法"工作质效和稽查成效进行评价考核。工作质效评价指标包括异常监测准确率和异常整改完成率，属过程性风险防控；稽查成效评价指标包括反窃电和违约用电查处成效，属结果性异常查控。

第七步　绩效考核

营销数字化稽查"七步工作法"各环节工作质效纳入每月重点工作绩效考核，确保实现"提质增效"工作目标。

附件 2-1

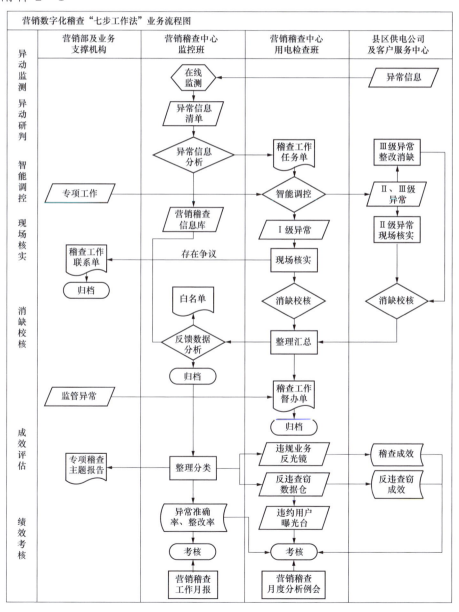

附件 2-2

营销稽查工作任务单

编号：2021-YXJIC03-RW-008

序号	主题分类	异常研判办结	重要等级	所属单位	供电所	户号	用户名称	抄表段	电压等级	用电类别	行业	容量	下发时间	下发期数	异常原因	现场核实情况	是否异常	整改措施	整改情况	整改时间	是否办结	经济效益 金额	经济效益 计算依据

附件 2-3

营销稽查工作联系单

工单号		发单日期	
客户名称		客户编号	
用电地址			
工作内容			
联系单位		联系单位	
联系人		联系人	
联系单位		联系单位	
联系人		联系人	
联系单位		联系单位	
联系人		联系人	

附件 2-4

营销稽查工作督办单

日期：

稽查工单编号		主题类	
主题名称		客户管理单位	
客户名称 客户编号		完成时限	
用电地址			
稽查问题 具体内容			
营销业务管控与 稽查中心意见			
营销部意见			
备注	处理情况应提供照片、文件等佐证材料		

附件 2-5

营销稽查工作月报

××年××月

一、营销稽查工作整体情况

二、国网、省公司稽查异常整改情况

（一）

（二）

三、自主稽查开展情况

（一）日常稽查情况。

（二）专项稽查情况。

四、下月重点工作

五、稽查典型案例

附件 2-6

营销稽查业务分析例会纪要

会议时间：

会议地点：

主持人：

参会人员：

记录人：

会议议题：

会议内容：

×××年×××月×××日，在×××召开会议，对×××问题进行了探讨研究，会议形成如下意见：

1.

2.

3.

4.

附件 2-7

营销稽查主题报告

一、总体情况

二、稽查分析

三、业务风险

四、整改建议

五、稽查依据

编写：＊＊＊

成员：＊＊＊　＊＊＊

第 3 章

电力营销数字化稽查应用和实操

　　坚持问题和目标导向，以夯实基础、规范管理为工作主线，汲取近年历次内外部检查、审计、巡查暴露出的普发性、典型性、重大的各类问题经验，按照业扩报装、电费电价、计量采集、客户用电安全检查服务、客户服务、新兴业务等电力营销六大专业的核心业务和风险内控要求，强化典型案例总结提炼和互学互鉴，形成指导地市、县级电网企业电力营销数字化稽查工作的实操化稽查工具和业务手册。

　　本章将选取当前电网企业内稽外查典型案例和应用场景，从异常线上检测、数字化研判、现场核查方法、稽查成效、法规依据等方面总结提炼，为电力营销稽查人员提供了一些具体、实用、可操作的数字化稽查方法。

3.1 业扩报装数字化稽查应用和实操

业扩报装是电力营销工作中的一个习惯用语，也称报装接电。其主要业务内容是接受客户用电申请，根据电网实际情况，办理供电与用电不断扩充的有关业务工作，以满足客户的用电需要。业扩报装是电网企业增供扩销提高经济效益的重要渠道，也是向客户展示供用电优质服务水平的第一窗口，更是电力营商环境评价的主要内容。

业扩报装业务重点风险防控方向是对一址多户、业扩全流程及关键环节时限异常、供电方案不合理、业扩配套电网工程时限异常、小微企业接入、客户工程"三指定"、投资界面、流程终止后重启、供用电合同签订不规范、低压容量开放受限、临时用电转正、自立收费项目或收费标准、高可靠性供电费收取不规范等方面开展常态化预警工作，提升客户接电体验，助力优化电力营商环境。

以下案例选取业扩报装业务和服务工作中的典型性、普发性和重点风险稽查主题实操应用场景。

3.1.1 一址多户未并户

1. 基本情况

××石灰厂主要用电负荷是石料破碎和石灰加工，用电地址位于××省××市××区××乡××村村西，由公用线路 10kV ××565 线 T 接供电，在电力营销业务应用系统中以两个营业户立户。其中：

A 石灰厂，报装容量 1025kVA（80、315、630kVA 变压器各 1 台），其中 80kVA 变压器办理暂停，运行容量 945kVA，供电电源为公用线路 10kV ××565 线 25 号杆 T 接。该客户 2003 年新装时报装容量 80kVA，执行一般工商业电价，2019 年 8 月 13 日新增 315、630kVA 变压器后执行大工业电价。

B 石灰厂，报装容量 100kVA/1 台，供电电源为公用线路 10kV ××565 线 29 号杆 T 接，执行一般工商业电价，2017 年 8 月 3 日由××砖厂更名为 B

石灰厂，B 石灰厂与 A 石灰厂同名。

2. 信息化监测及数据化研判

从 2021 年 6、7 月的国网××审计情况看，审计组通过电力营销业务应用系统数据分析提出，该客户存在"一址多户，未办理并户，漏收基本电费"问题，要求核实并整改。

营销稽查人员利用电力营销业务应用系统进行数据核实，首先确定上述两户供电同属同一公用线路，同一用电地址，而且两户客户档案中营业执照、法人代表、业务联系人及银行账号等信息一致（见图 3－1），属同一个用电主体；其次利用营销 GIS 系统对两户受电设备经纬度数据定位查询，两个受电点之间距离不足 200m（见图 3－2）。

营业执照信息			
企业名称：	沛　石灰厂	统一社会信用代码：	9　　　1
注册号：	1·	注册资本：	10万元
住所：	涪·市乡　村		
法定代表人：	韩·	成立日期：	2004-05-21日
登记机关：	市　区市场监督管理局	营业期限：	2013-06-05日-null
经营范围：	白云石灰、石灰加工及销售；片石、石子、石粉经销。（许可项目以许可证核定的范围和期限为准）（依法须经批准的项目，经相关部门		
本年度是否年报：	否	是否列入异常：	否
是否列入严重违法名单：	否		

打印

图 3－1　电力营销业务应用系统中客户相关信息

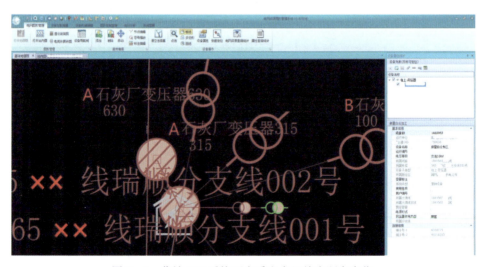

图 3－2　营销 GIS 系统两户受电点经纬度距离定位

通过对该客户业务办理历史记录分析，B 石灰厂在 2017 年 8 月 3 日由××

砖厂办理更名时未及时并户业务；2019 年 8 月 13 日，A 石灰厂新增 315、630kVA 变压器，用电类别变更为大工业，但未及时将两户受电变压器做并户业务处理，根据业扩变更业务规范和电费电价政策相关规定，初步研判该客户为"一址多户，漏计基本电费"的疑似异常。

3. 现场核实

2021 年 7 月 8 日，营销稽查人员到现场进行核查，××石灰厂两个用电户用电地址均位于××省××市××区××乡××村村西（见图 3-3），两户受电变压器之间距离约 200m，供电电源为公用线路 10kV ××565 线不同电杆 T 接（见图 3-4）。其中：B 石灰厂 100kVA 变压器供石料破碎车间用电，A 石灰厂 315、630kVA 变压器供石灰加工生产用电，变压器低压侧无电气联络。

图 3-3 该客户石灰加工设备（左）与石料破碎车间（右）

图 3-4 公用线路 10kV ××565 线不同电杆 T 接供电

　　此外，经营销稽查人员现场核查，除受电设备容量外，用电地址、营业执照（见图3-5）、法人代表、银行账号等相关信息全部相同。现场问询客户负责人和供电公司客户经理，复核上述现场查看和系统信息一致、准确无误，因此确定××市××石灰厂（A石灰厂和B石灰厂）确实为"一址多户"。将上述核实的相关信息录入《用电检查工作单》，做好政策宣讲和解释沟通，并经客户签章确认，作为后期整改和退补电费书面依据。

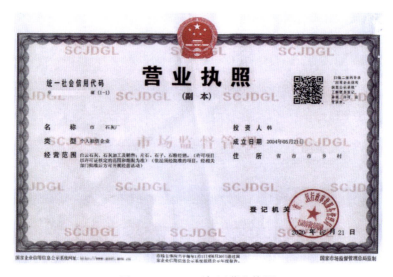

图3-5　××石灰厂营业执照

4. 整改成效

　　（1）2021年8月10日，××石灰厂（A石灰厂和B石灰厂）完成并户业务处理，执行大工业电价，受电变压器全部按照容量计收基本电费，规范了电价执行，堵塞了经营漏洞。

　　（2）按照一般工商业电价和大工业电价现行标准，应退电费为96966.15元，补收电费94637.66元。该客户自2020年10月1日进入市场化交易，按照每月市场化交易电价变动情况进行逐月合计补收电费53385.87元，合计补收电费51057.38元。其中：

　　退××石灰厂（B石灰厂）100kVA变压器2019年8月13日—2021年8月10日应收一般工商业电量电费。这期间有功结算电量为181735kWh，应退电费为96966.15元。

　　补收该客户自2019年8月13日—2020年10月1日期间按大工业电价计

算的电量电费、基本电费、功率因数调整电费差额，这期间的有功结算电量为 112242kWh，补收电费为 94637.66 元，其中包含基本电费是 32640 元。

补收该客户自 2020 年 10 月 1 日－2021 年 8 月 10 日进入市场化交易后按大工业电价计算的电量电费、基本电费、功率因数调整电费差额，入市后期间的有功结算电量为 69350kWh，补收电费为 53385.87 元，其中包含基本电费是 17760 元。

5. 稽查依据

关于"一址多户"的业务规范和认定规则，在《供电营业规则》及相关营销业务执行标准中暂且没有具体的参考依据，在本次审计工作中，审计组根据业扩变更业务、电费电价执行政策及现场核查的多种情形，制定了《"一址多户"认定参考规则（试行）》（见附件 3－1），作为当前此类业务异常监控和规范执行的试行参考依据。其中，本案例中的"一址多户"异常线上检测和现场核查就是依据该参考规则中的第一条第二款之规定：不同供电点，公用线路不同电杆（或分线箱）T 接后，客户自备线路接带同一用电主体多台变压器低压侧有电气联络的，无论变压器安装位置位于同一受电点或不同受电点，均按"一户"营业立户；同一用电主体多台变压器在同一用电地址的，无论变压器低压侧是否有电气联络，均宜按"一户"营业立户。

6. 防控措施

（1）组织营销业务人员学习《"一址多户"认定参考规则（试行）》。"一址多户"异常问题是当前国网公司系统关注的重点，也是造成"电价执行错误、漏计基本电费和高可靠性供电费"业务风险的关键，业扩、抄收、稽查等相关人员应熟悉业务规范，才能保证源头上不出错、过程中有监督，业务风险得到有效防控。

（2）完善电力营销业务应用系统中"一址多户"异常筛查功能。省公司应协调营销信息系统厂家增加和完善此项功能，地市、县级供电公司作为业务执行层面，需要对所属"一址多户"自定义查询或筛选，开展自主稽查、常态监控。

（3）全面排查所辖区域"一址多户"异常情况，依据《"一址多户"认定参考规则（试行）》，结合现场核实情况，分类分析，分类处置。

不属"一址多户"情况处置措施：涉及长期不用电户（超过 3 年）予以

销户；对用电类别档案差错户（属非工业）更正类别；对持有独立营业执照、属不同用电主体办理过户；其他类型客户不需整改，列入营销稽查"白名单"。

确属"一址多户"情况处置措施：对不涉及基本电费计收的客户，属长期不用电的予以销户；其余情形办理并户。对涉及基本电费计收的客户，逐户现场核实、逐户核定处置方案和漏计基本电费、开展电费退补，符合《"一址多户"认定参考规则（试行）》的办理并户。

附件3-1

"一址多户"认定参考规则（试行）

一、符合以下条件的应认定为同一用电户，营销系统按"一户"营业立户

（一）同一供电点

公用线路同一电杆（或分线箱）T接后，客户自备线路接带同一用电主体多台变压器的，无论变压器安装位置位于同一受电点或不同受电点，均按"一户"营业立户。供用电合同中以不同受电点对受电装置、用电类别分别表述。

（二）不同供电点

用电主体多台变压器低压侧有电气联络的，无论变压器安装位置位于同一受电点或不同受电点，均按"一户"营业立户；同一用电主体多台变压器在同一用电地址的，无论变压器低压侧是否有电气联络，均宜按"一户"营业立户。供用电合同中以不同供电点、不同受电点对受电装置、用电类别分别表述。

（三）同一"营业户"下不同用电类别专用变压器

对符合上述两项情形，其中单独设有不属于大工业类别的其他用电专用变压器（如办公照明、基建施工），且与大工业用电无电气联络的，也应按同一"营业户"立户，非大工业专用变压器按相应电价类别分别装表计量，供用电合同中对不同受电装置、用电类别分别表述。

二、符合以下条件的可认定为不同用电户，营销系统按"多户"分别营业立户

（一）同一供电点

公用线路同一电杆（或分线箱）T接后，客户自备线路接带客户资产多台变压器的，以围墙划分的区域，各建筑内如有不属于同一法人（持有独立营业执照）的多个单位，各单位又有固定的隔墙明确分开，除公用部位外，无共同使用的配电线路，各用电主体可分别营业立户。

（二）不同供电点

公用线路不同电杆（或分线箱）T接后，客户自备线路接带同一用电主体多台变压器不在同一用电地址，且不同受电点之间变压器低压侧无电气联络的，可分别营业立户。

3.1.2　流程体外流转

1. 基本情况

××市××房地产开发有限公司，2019年9月12日办理高压新装，用电类别为一般工商业用电，主要用于房地产开发。报装容量1880kVA/2台，供电方式为双电源供电，两条线路常用互为备用，主供电源由10kV××566线4号分线箱3号间隔引出，备供电源由10kV××835线2号环网柜4号间隔引出。

2. 信息化监测及数据化研判

2021年10月23日，营销稽查人员在电力营销业务应用系统"新装增容及变更用电-业扩查询-工作单"界面中，对近3个月高压新装增容业务流程是否规范筛查中发现：××市××房地产开发有限公司业务受理时间为2021年8月30日，供电方案答复时间为2021年9月2日，竣工报验时间为2021年9月3日（见图3-6），供电方案答复到竣工报验仅间隔1天，客户受电工程就完成了设计、施工及调试工作，疑似存在业扩报装"体外流转"的违规业务。

活动名称	接收时间	完成时间	预期时间	到期时间	状态	处理人	处理部门	供电单位
业务受理	2021-08-30 16:20:10	2021-08-30 16:52:58	2021-08-30 18:20:10	2021-08-31 00:00:00	完成	李	客户服务中心	中心营业所
勘查派工	2021-08-30 16:52:58	2021-08-30 16:53:33	2021-09-10 09:00:00	2021-09-10 09:00:00	完成	李	客户服务中心	中心营业所
联合勘查	2021-08-30 16:53:33	2021-09-02 06:06:11	2021-09-10 09:00:00	2021-09-10 09:00:00	完成	李	客户服务中心	中心营业所
现场勘查	2021-08-31 09:06:11	2021-09-02 20:47:55	2021-09-10 09:00:00	2021-09-10 09:00:00	完成	李	客户服务中心	中心营业所
供电方案审批	2021-09-02 20:47:55	2021-09-02 20:51:41	2021-09-10 09:00:00	2021-09-10 09:00:00	完成	李	客户服务中心	中心营业所
营管回电方案	2021-09-02 20:51:41	2021-09-03 08:12:26			完成	李	客户服务中心	中心营业所
确定业务费用	2021-09-03 08:12:26	2021-10-13 12:41:14			完成	李	客户服务中心	中心营业所
合同起草	2021-09-03 08:12:26	2021-10-18 10:41:34			完成		客户服务中心	中心营业所
客户受电工程录入	2021-09-03 08:12:26	2021-10-20 21:28:48			完成		客户服务中心	中心营业所
竣工报验	2021-09-03 08:12:26	2021-10-20 21:28:53			完成	杨	中心营业所	中心营业所
业务费流程收费	2021-10-13 12:41:14	2021-10-14 11:12:46			完成	卫	客户服务中心	中心营业所
合同审批	2021-10-18 10:41:34	2021-10-20 21:22:06			完成	李	客户服务中心	中心营业所
合同签订	2021-10-20 21:22:06	2021-10-20 21:22:53			完成	李	客户服务中心	中心营业所
合同归档	2021-10-20 21:22:57	2021-10-20 21:23:12			完成	李	客户服务中心	中心营业所
签发工作票	2021-10-20 21:28:53	2021-10-21 11:22:38			完成	杨	客户服务中心	中心营业所
竣工验收	2021-10-20 21:28:53	2021-10-21 11:43:04	2021-10-25 00:00:01	2021-10-26 00:00:01	完成	李	客户服务中心	中心营业所
拆补维护	2021-10-20 21:28:53	2021-10-21 11:49:06	2021-10-26 00:00:01	2021-10-27 00:00:01	完成	李	客户服务中心	中心营业所
安装派工	2021-10-21 11:22:38	2021-10-21 11:23:21			完成	樊	客户服务中心	中心营业所

图 3-6 电力营销业务应用系统中该客户新装业务环节完成时限

3. 现场核实

2021年10月25日，营销稽查人员到现场进行核查。××市××房地产开发有限公司确为双回路供电客户，运行设备与电力营销业务应用系统中档案一致（见图3-7）。

图 3-7 现场运行箱式变压器（1880kVA）

经查阅客户档案证实，客户向供电公司提交的业务申请时间为2019年9月12日（见图3-8），供电方案答复时间2020年4月5日（见图3-9），施工设计时间2021年6月（见图3-10），竣工报告时间2021年8月3日（见图3-11），与电力营销业务系统业务工单受理时间2021年8月30日不符。

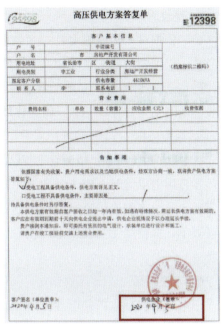

图 3-8 该客户新装业务受理时间　　　　图 3-9 该客户供电方案答复时间

通过询问××供电公司业扩办理人员，证实该客户施工竣工时间早于业务受理时间，存在线下受理用电申请、办电体外流转的问题。

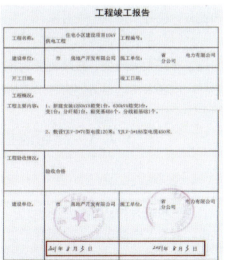

图 3-10 该项目设计文件编制时间　　　　图 3-11 该项目工程竣工报告时间

4. 整改成效

（1）依据员工奖惩规定对××供电公司相关人员进行通报批评并进行绩效考核，组织学习业扩报装相关文件规定。

（2）全面排查业扩工单，常态开展业扩报装回访，核实客户受理时间、装表接电时间是否存在偏差，防止体外流转违规业务的发生。

5. 稽查依据

《国家电网公司业扩报装管理规则》（国网营销 378－2019）第 68 条规定：受理客户用电申请时，应主动向客户提供用电咨询服务，接收并查验客户申请资料，及时将相关信息录入电力营销业务应用系统，由系统自动生成业务办理表单，推行线上办电、移动作业和客户档案电子化，坚决杜绝系统外流转。

6. 防控措施

（1）严格执行业扩办电业务规范。本案例中业扩办电业务"体外流转"有一定的典型性，业扩人员一定要认真落实《国家电网公司业扩报装管理规则》（国网营销 378－2019），坚决杜绝系统外流转，服务好客户。

（2）以合理的客户受电工程施工周期作为筛查业扩办电"体外流转"异常的研判要素。根据现场施工经验，在充分优化的理想条件下，从供电方案答复到竣工报验总的完成时间过短，明显少于正常的客户受电工程施工时间的业务，应列入重点稽查对象。

（3）对于突发情况、政府特批、抢险救灾等特殊业扩报装业务，确实存在施工时间大幅减少、报装流程时间大幅缩短的情况，遇到此类问题应特事特办，应要求用电申请方出具书面情况说明等相关资料，做好留存。

3.1.3　高可靠性供电费收取不规范

1. 基本情况

××市体育局，该客户 2019 年 7 月办理高压增容后供电方式改为双电源供电，共有 2 个受电点，合同容量为 9380kVA，实际运行容量 6130kVA。第一路电源（主供）：由 110kV ××变电站 10kV ××851 线（架空）1 号杆"T"接，第二路电源（备供）：由 110kV ××变电站 10kV ××871 线 1 号公用环网柜"T"接。运行方式常用互为备用。

2. 信息化监测及数据化研判

2020 年 2 月 18 日，营销稽查人员在电力营销业务应用系统中，对近两年高压双电源客户收取高可靠性供电费是否规范筛查中发现，××市体育局在 2019 年 5 月申请高压增容，增容后供电方式改为双电源供电（见图 3 - 12），该客户 2019 年 7 月 26 日流程归档并在当月送电，送电当月并未收取相应金额的高可靠性供电费（见图 3 - 13），因此初步判定该客户存在高可靠性供电费未收取。

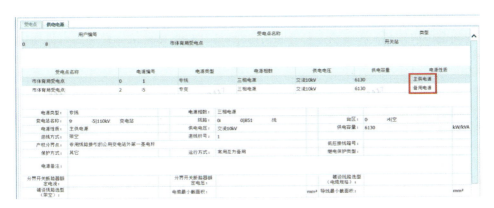

图 3 - 12　电力营销业务应用系统中××市体育局增容后改为双电源供电

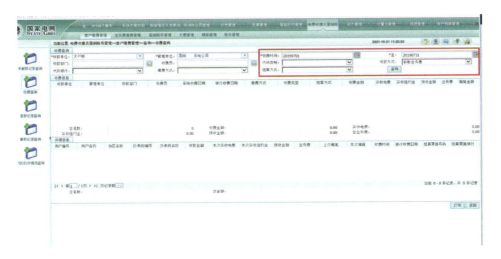

图 3 - 13　电力营销业务应用系统中该客户 2019 年 7 月业务费未收取

3. 现场核实

2020 年 2 月 21 日，××供电公司营销稽查人员到现场进行核查。××市体育局确实为两路及以上多回路供电（备用电源、保安电源）的电力客户，应在送电前按备用供电容量缴纳高可靠性供电费。

经××供电公司营销稽查人员了解，2019年7月，××市承办了某全国大型运动会部分赛事，所有供电设施需在7月底按时供电，但由于施工工期紧，且市财政对缴纳高可靠性供电费资金审批周期较长，为确保赛事如期供电，运动会××市执委会特开证明申请缓交。

4. 整改成效

2020年3月20日，根据山西省有关高可靠性供电费收取标准，在承诺的时间范围内按照实际备供运行容量6130kVA，补收××市体育局高可靠性供电费共计1287300元（6130kVA×210元/kVA＝1287300元）（见图3-14）。

图3-14 补收××市体育局高可靠性供电费1287300元

5. 稽查依据

山西省物价局、山西省经济委员会《转发〈国家发改委关于停止收取供配电贴费有关问题的补充通知〉的通知》（晋价商字〔2004〕200号）中规定：高可靠性供电费收取范围内包括，申请新装及增加用电容量的两路及以上多回路供电（备用电源、保安电源）的电力客户应按供电电压等级及供电容量收取高可靠性供电费。按照山西省电力公司具体收费标准收取高可靠性接电费（见图3-15）。

国网山西省电力公司下发的《国网山西省电力公司关于规范高可靠性供电费收取有关工作的通知》（晋电营销〔2014〕360号）第二条计费标准中的收费标准规定应收取高可靠性供电费的供电线路，以产权分界点电网侧资产认定线路敷设方式，其中：公共变电站专用线路供电且线路资产属客户的，

高可靠性供电费与临时接电费收费标准

客户受电电压等级(千伏)	架空线路高可靠性供电费及临时接电费收费标准(元/千伏安)	电缆线路高可靠性供电费收费标准(元/千伏安)
0.38/0.22	260	390
10	210	315
35	160	240
110	80	120
220	60	90

国网山西省电力公司
STATE GRID SHANXI ELECTRIC POWER CORPORATION

图 3-15　山西省高可靠性供电费与临时接电费收费标准

执行架空线路标准；以公用线路 T 接方式供电的，以电力设施产权分界点至公共变电站之间供电线路敷设方式认定收费标准。在第三条计费容量中规定对于双（多）路电源在受电装置进线处安装闭锁装置、备用电源使用时闭锁变压器的客户（即：在主供情况下，所有的变压器均运行；在备用情况下，除了带重要负荷的变压器运行，其他变压器均闭锁），按不闭锁的变压器（含高压电动机）容量收取高可靠性供电费。

6. 防控措施

（1）提前告知。业扩人员在供电方案答复时，对符合高可靠性供电费收取条件的，特别是工期紧、资金审批长的客户，全部要提前书面告知收取依据、时间节点、收取金额。

（2）定期排查。营销稽查人员针对高可靠性供电费收取情况，应定期排查，及时反馈，实时整改。

（3）留存手续。业扩人员如遇类似本案例的特殊情况时，应要求项目方出具申请证明，并妥善保管。

（4）内嵌规则。在电力营销业务应用系统中，增设装表接电后业务流程收费未交款预警环节，并在交款后上传有关收费票据。

3.1.4　供电方案不合理

1. 基本情况

××市××光电科技有限责任公司，2019 年 12 月新装立户，10kV 供电，报装容量 8100kVA，用电类别为大工业。主要从事塑料板、管、型材制造，供电方式为单电源供电，电源由 110kV ×× 变电站新建 10kV ××544 专线至客户 10kV 开关站，线路为全电缆线路，全长约 3km。

2. 异常检测和研判

2020 年 4 月，营销稽查人员在对重要电力客户用电性质排查中发现，××市××光电科技有限责任公司在电力营销业务应用系统中电源配置为单电源供电（见图 3 - 16），该客户计量点设置在系统侧，采用高供高计，电能表选择Ⅳ类电能计量装置，电流互感器变比按照实际运行容量应配置为 500/5（0.2S 级），在电力营销业务应用系中电流互感器变比为 1000/5（见图 3 - 17）。初步判定该客户为供电方案计量计费方式不合理。

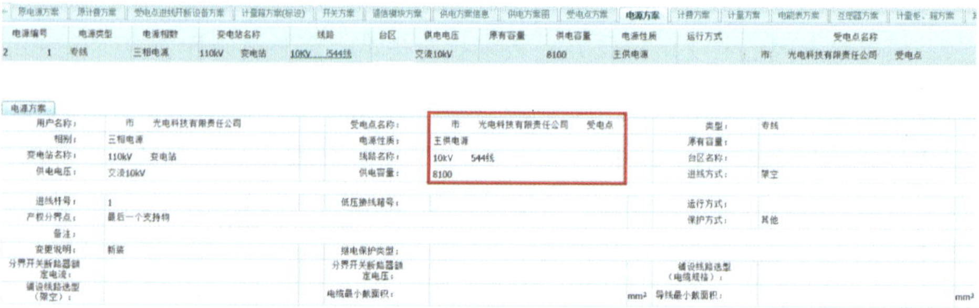

图 3 - 16　电力营销业务应用系统中该客户为单电源供电

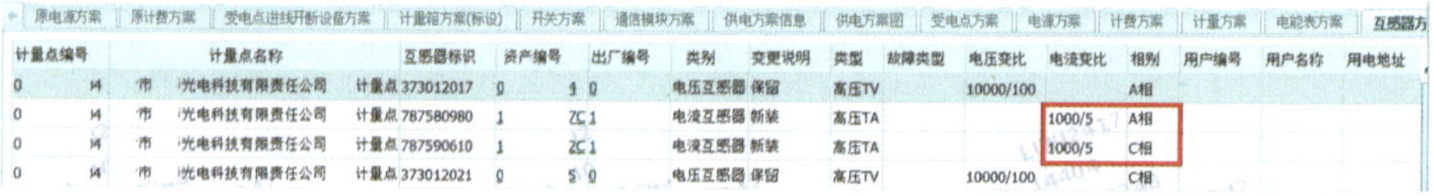

图 3 - 17　电力营销业务应用系统中该客户电流互感器变比为 1000/5

3. 现场核实

营销稽查人员到现场进行核查，××市××光电科技有限责任公司主要经营范围是注塑件、压铸件等重要产品的研发生产，该厂生产线启动生产后不允许任何断电（见图 3 - 18），否则产品会全部报废，属重要电力客户。目前现场单电源供电，考虑客户生产工艺对供电质量及可靠性的要求，在电源配置方面，单电源不能满足正常安全生产用电。

现场检查的计量人员和保护人员在核查中发现，该客户使用原有高压开关柜装置供电，原电流互感器变比配置过大，根据供电容量与供电电压来确定电流互感器一次电流，$I = P/\sqrt{3}\,U$，$I = 8100\text{kVA}/(1.732 \times 10\text{kV}) \approx$ 467.7A，依据实际负荷电流应达到额定值的60%左右，至少不应小于30%，应配置500/5（0.2S级），并且该客户为全电缆线路，日常负荷大，距离系统变电站不足3km，客户未配置线路光差保护（见图3-19）。营销稽查人员下达整改通知，并告知客户尽快完成整改。

图3-18　该客户生产车间重要生产线

图3-19　该客户配电室未配置光差保护

4. 整改成效

（1）客户提交双电源用电申请，并且承诺配合供电公司尽快完善双电源供电。

（2）更换电流互感器变比配置，按照实际运行容量配置500/5（0.2S级）电流互感器（见图3-20）。

供电方案信息	供电方案图	受电点方案	电源方案	计费方案	计量方案	电能表方案	互感器方案	计量柜、箱方案	其他计量设备方案	临时无表用电方案
计量点编号	计量点名称	互感器标识	资产编号	出厂编号	类别	变更说明	类型	故障类型	电压变比	电流变比	相别	环节名称	用户编号	用户名称
01	市 光电科技有限责任公司 计量点 373012017	0	10	5 电压互感器 保留				10000/100		A相	现场勘查		
01	市 光电科技有限责任公司 计量点			电流互感器 新装					500/5		现场勘查		
01	市 光电科技有限责任公司 计量点 373012021	0	20	5 电压互感器 保留				10000/100		C相	现场勘查		
01	市 光电科技有限责任公司 计量点			电流互感器 新装					500/5		现场勘查		

图 3-20　电力营销业务应用系统中更换电流互感器变比 500/5

（3）客户在承诺的时间内，配合供电公司安装了线路光差保护装置（见图 3-21）。

图 3-21　该客户配电室安装线路光差保护装置

5. 稽查依据

（1）依据国家质检总局和国家标委会 2012 年发布的《重要电力用户供电电源及自备应急电源配置技术规范》中有关重要电力客户的范围和分类，其中规定：重要电力用户的供电电源应采用多电源、双电源或双回路供电，当任何一路或一路以上电源发生故障时，至少仍有一路电源应能对保安负荷持续供电。

（2）《山西电网配电网继电保护配置要求》（2015 年版）第三章第十二条：①短线路（5km 以内）宜采用光纤电流差动保护作为主保护，带时限的三段式电流保护作为后备保护。②全电缆线路宜采用光纤电流差动保护作为主保护，带时限的三段式电流保护作为后备保护。

（3）国家能源局《电能计量装置技术管理规程》（DL/T 448—2016）中第六条第四点：电能计量装置配置原则中规定，电流互感器额定一次电流的确定，应保证其在正常运行中的实际负荷电流达到额定值的 60％左右，至少不应小于 30％。否则，应选用高动热稳定电流互感器，以减小变比。

6. 防控措施

（1）业扩报装要了解客户性质。本案例中，客户产品为多晶硅光电板片，属于高新产业，生产工艺不允许断电，由于在确定供电方案时对工艺不了解，当作传统的制造业对待，导致供电方案确定为单电源供电，造成极大风险。随着高科技新兴产业的大量上马，今后在业扩报装中必须深入了解客户用电性质，合理确定供电方案。

（2）供电方案要充分考虑主网运行安全和客户可靠供电要求。依据《山西电网配电网继电保护配置要求》，对距离系统变电站近、负荷大、全电缆专线客户必须配置光差保护，避免发生故障冲击主网，造成大电网事故，同时也影响到安全可靠供电。供电方案确定时，既要充分考虑客户需求，科学合理为客户节约用电设施资金投入，同时必须充分顾及主网运行安全，应有的保护装置必须配置。

3.2 电费电价数字化稽查应用和实操

电费电价管理内容主要包括抄表、核算、收费核心业务。工作目标是正确执行各级物价行政管理部门制定的电费、电价政策，做好电费、电价账务管理和统计分析工作，处理和反馈有关电费、电价的信息，确保完成电费、电价的各项考核指标。

电费电价业务重点风险防控方向是对电费发行、现金缴存不及时、销户客户电费余额非零、临时接电费未退费、手工修改发行表码、电价政策变更执行不到位、基本电费计收异常、分时电价执行异常、功率因数执行异常、零电价、参考表客户零电量、电费解款超期、应出账未出账、电费"虚拟户"异动等问题开展常态化预警工作，减少量价费"跑冒滴漏"，提升精益管控水平。

以下案例选取电费电价抄核收业务工作中的典型性、普发性和重点风险稽查主题实操应用场景。

3.2.1 抄表-手工修改抄表底码

1. 基本情况

××发电有限责任公司，220kV供电，报装容量103000kVA/2台，用电类别为大工业。行业分类为火力发电，该客户正常发电时，用电量为0，检修时有电量。

2. 信息化监测及数据化研判

2021年9月3日，营销稽查人员通过电力营销业务应用系统中电量电费退补记录查询，发现2021年8月该客户发行大电量电费，并退电量152亿kWh、电费64亿元（见图3-22）。通过对该客户历年逐月电费明细进行分析，发现从2019年11月至今，每月抄表方式为手工抄表。由于该客户本月算费时抄表方式为远采集抄，出现大电量的异常。营销稽查人员核对客户表计指示数时发现，电力营销业务应用系统中的正向指示数4.12（见图3-23）

为电力客户用电信息采集系统中反向指示数 4.12（见图 3-24）。

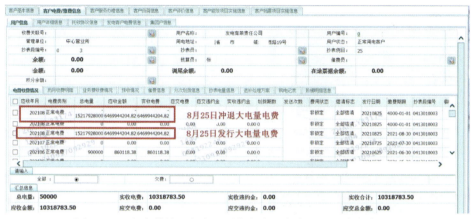

图 3-22 电力营销业务应用系统中该客户大电量电费退费记录

图 3-23 电力营销业务应用系统中电费核算时的指示数

图 3-24 电力客户用电信息采集系统中电费核算例日采集指示数

图3-25 2021年9月9日现场表计
的指示数（正向总4.12）

3. 现场核实

2021年9月9日，营销稽查人员协同计量人员现场查看该客户无检修未用电，表计加封完好且指示数连贯无误，现场表计指示数与采集系统指示数相吻合，指示数为4.12（见图3-25）。由此可判断此异常确系电力营销业务应用系统中的正向指示数和电力用户用电信息采集系统中反向指示数错位所致。异常产生的原因为本月未经手工修改指示数，采集的指示数正反向相反，产生大电量。

4. 整改成效

（1）冲退差错电费，保障客户合法权益。电力营销业务应用系统中表计结算指示数应为4.12，即电力用户用电信息采集系统中的反向指示数4.12，因此应进行重新计算并做退费处理。

（2）解决了长期存在的抄表异常业务风险。该异常解决是通过修改电力营销业务应用系统中档案信息实现，异常的检测、研判、核实、整改的同时，提高了营销稽查人员对营销相关专业知识的融会贯通，强化了营销异常查处专业协同质效，提升了营销基础管理水平。

5. 稽查依据

《山西省供电企业营业电费管理工作标准》第二章抄表管理规定：采用自动抄表方式的客户，抄表人员每年现场核实不得少于2次。抄表员在规定日期内通过各种远程抄表方式，将抄回的电能表数据审核无误后传送给核算部分。自动抄表时发现异常，生成异常报告单发送相关部门处理。

6. 防控措施

（1）提高抄表和核算人员的业务水平与工作责任感。该异常产生后，抄表人员未能及时发现异常、信息报送，导致问题长期悬而未决。2021年8月电费结算时电量突增，核算人员未能高度重视，只是做了全减另发的权宜之计，未能从根本上解决问题。为此，对于未能采集成功的客户必须到现场手工抄表，长期未能采集抄表示数的客户需要尽早生成异常报告单，报送相关部门进行认真核查、及时整改。

（2）提高稽查人员线上稽控业务能力。案例中该用电客户近两年时间手工抄表，该异常未及时发现并核查，防控此类营销业务风险和漏洞，就是要求营销稽查人员要充分利用营销业务信息化系统进行线上常态化和重点稽查，不断增强数据监控、数据分析和异常研判专业技能和水平，切实提升工作质效。

3.2.2 抄表-抄表段分配不合理

1. 基本情况

××县给排水中心，属公用 10kV 线路 T 接用电的专用变压器客户，报装容量 1000kVA，用电类别为大工业，按容量计收基本电费。按照××供电公司各县区公司抄表例日，集中核算时间统一调整的要求，该客户 2020 年 12 月之前抄表例日为每月 5 日，2020 年 12 月算费结束后，将该客户所在抄表段抄表例日调整为 9 日。

2. 信息化检测及数据化研判

2021 年 1 月 10 日，营销稽查人员在电力营销业务应用系统中客户电费/缴费信息模块核查 2021 年 1 月大工业电费时，发现该客户抄表电量为 2020 年 12 月 5 日－2021 年 1 月 9 日之间的电量，计算 35 天电量，基本电费应计算 35 天，但系统只计算 30 天，少计 5 天基本电费，同时影响功率因数调整电费的正确性。

根据《国家发展改革委关于延长阶段性降低企业用电成本政策通知》（发改价格〔2020〕994 号）精神，自 2020 年 7 月 1 日起至 12 月 31 日止，电网企业除高耗能行业客户外，执行一般工商业和大工业电价的电力客户，计收客户电费时，统一延续按原到户电价水平的 95％结算，影响客户的折扣电费。由于该客户电费是 2020 年 12 月期间计收电费，根据该客户 1 月抄表数据（见图 3-26）和 1 月变压器基本电费运行天数（见图 3-27）分析，研判为存在电量未少计，基本电费、功率因数调整电费和防疫折扣少计的业务异常。

3. 异常核实

根据电力营销业务应用系统和电力用户用电信息采集系统中数据对比，1月抄表指示数为 1 月 9 日数据，抄表指示数与采集系统一致，为 1 月 9 日零点数据。客户所属抄表段已更换，抄表例日为 9 日。通过电力用户用电信息采集系统对该客户1月9日采集数据（见图3-28）核实，并在电力营销业务应用系统对该客户12月和1月客户所属抄表段比对（见图3-29），该客户变更后抄表例日为9日的抄表段确已调整（见图3-30）。

图3-26　电力营销业务应用系统中该客户1月抄表数据

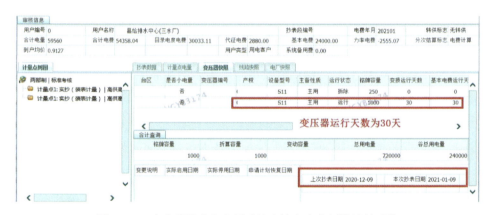

图3-27　电力营销业务应用系统中该客户变压器运行天数

图3-28　电力用户用电信息采集系统中该客户1月9日采集系统数据

基于上述相关信息的核实比对，导致异常产生的原因为客户所属抄表段＊＊＊＊＊＊1在2020年12月算费结束后抄表例日由5日调整为9日，2021年1月1日根据山西省发展和改革委员会《关于山西电网2020－2022年输配电价和销售电价有关事项的通知》（晋发改商品发〔2020〕553号）文件调整电价进行抄表，由于该客户有在途增容流程影响整个抄表段中的客户不能发起抄表，为不影响其他客户的正常抄表，抄表员新建抄表例日为9日的抄表段＊＊＊＊＊＊1，将该客户从抄表段＊＊＊＊＊＊2调整至抄表段＊＊＊＊＊＊1，终止高压增容流程工单后进行抄表（见图3-31）。

图3-29　电力营销业务应用系统中12月和1月客户所属抄表段

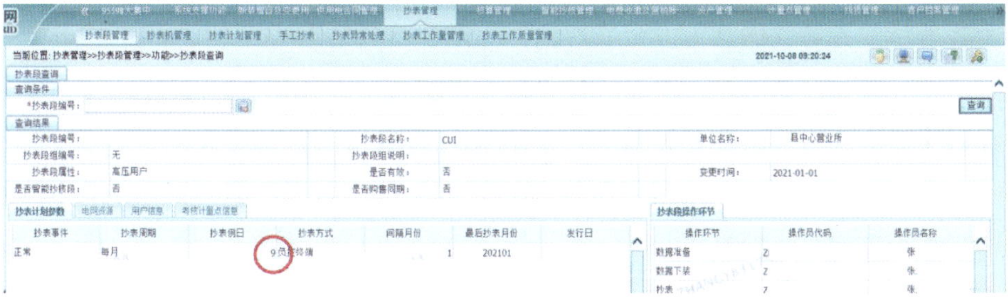

图3-30　电力营销业务应用系统中该客户变更后抄表例日为9日的抄表段

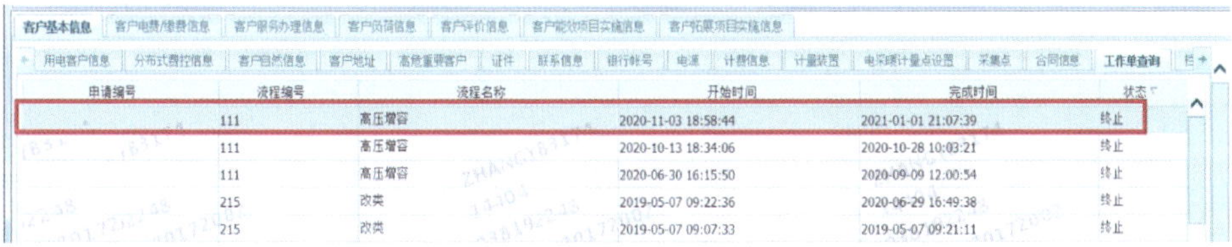

图3-31　电力营销业务应用系统中客户高压增容流程终止工单

　　新的抄表段不能检测到该客户原来的抄表例日为5日，按一个抄表周期进行计算。电量按照实际天数计算无误，基本电费未按变压器实际运行天数计算，进而影响到功率因数调整电费和防疫折扣电费计收的正确性。

4. 整改成效

退补漏计基本电费、功率因数调整电费和防疫折扣电费共计 3771.51 元。其中：

补 5 天的基本电费 4000.01 元（1000kVA×5 天/30 天×24 元/kVA＝4000.01 元）；

退客户功率因数调整电费 30 元［4000.01 元×（－0.0075）＝－30 元］；

退防疫折扣电费 198.5 元［3970.01 元×（－0.05）＝－198.5 元］。

5. 稽查依据

《国家电网有限公司电费抄核收管理办法》第二十三条：抄表段设置应遵循抄表效率最高的原则，综合考虑电力客户类型、抄表周期、抄表例日、地理分布、便于线损管理等因素。抄表段一经设置，应相对固定。调整抄表段应不影响相关电力客户正常的电费计算。新建、调整、注销抄表段必须履行审批手续。

6. 防控措施

（1）进行正确的抄表段调整，调整抄表例日要严格按照流程操作，做到不影响按天计算（如基本电费、线损、变损等）的量和费。

（2）调整抄表例日，需在原抄表段上进行调整，才可保证实际运行天数。如抄表段部分客户要调整抄表例日，新建抄表段与原抄表段例日要相同，将客户调整至新抄表段后，再进行抄表例日调整。切不可将客户调整到已调整为目标抄表例日的抄表段。

（3）新建和调整抄表段，抄表员要提前与相关核算人员沟通，防止漏算和错算。

（4）完善电力营销业务应用系统功能，客户调整抄表段后，营销系统应有相关的提示信息，合理的审批流程，真正启动事前控制机制。

3.2.3　抄表-拆表示数录入错误

1. 基本情况

郭××，用电类别为农业生产用电，月均用电量 100kWh。该客户 2020 年 8 月 25 日进行计量装置改造，换表后录入系统拆表指示数，电费计算时发现该月电量突增。

2. 信息化检测及数据化研判

营销稽查人员通过电力营销业务应用系统中的"客户电费/缴费信息"模块进行电费稽查时，发现该客户 2020 年 9 月抄表电量突增至 108063kWh（见图 3-32）。该客户为农业生产用户，长期用电量较小，当月电量超过月均电量 1000 倍。

图 3-32 电力营销业务应用系统中该客户 2020 年 9 月抄表数据

经营销稽查人员核查该客户业务办理信息，发现 2020 年 8 月 25 日有换表工单，拆表时上次指示数为 11971，本次指示数为 120009.23，综合倍率为 1，拆表电量为 108038kWh（见图 3-33）。

图 3-33 电力营销业务应用系统中该客户 2020 年 8 月 25 日拆表电量

导致大电量的产生有两种情况：一是长期未如实抄表，导致电量的累积所致；二是指示数录入错误，导致电量错误。因此需要甄别产生大电量的具体原因。

3. 异常核实

根据电力营销业务应用系统中的指示数和现场表计数据核对，电力营销业务应用系统录入指示数与实际不符。该客户正确的拆表指示数为12009.23，抄录入系统时为120009.23，现场核查电能表表计编号现场与系统一致（见图 3-34）。此差错确为抄表人员手工录入拆表指示数错误所致。由此可以得出正确的拆表电量为 38.23kWh（12009.23kWh－11971kWh＝38.23kWh），营销系统中的电量为 108038.23kWh（120009.23kWh－11971kWh＝108038.23kWh）。导致异常产生的原因：该客户 2020 年 8 月 25 日计量改造时，抄表人员错抄指示数，并将错误指示数录入电力营销业务应用系统，导致大电量产生。

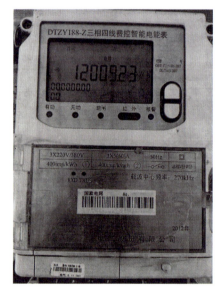

图 3-34　客户电能表现场拆表指示数

4. 整改成效

该客户由于抄录拆表指示数错误，造成多计电量，尽管是在当月发现错误，由于计量装置改造流程已归档，拆表指示数不能修改，需要进行电量电费退补（见图 3-35）。计算过程如下：

正确的电量电费计算：

12009.23kWh－11971kWh＝38.23kWh

38.23kWh×0.5002 元/kWh＝19.21 元

电力营销业务应用系统中的计算：

120009.23kWh－11971kWh－108038.23kWh

108038.23kWh×0.5002 元/kWh＝54040.72 元

504040.72 元－19.21 元＝54021.51 元

因此，需退客户电费 54021.51 元。

该差错当月发生，当月电费核算发现差错后及时整改，未给客户造成影响，不会影响下月电量电费的正确性。

电量、电费退补（全减另发）申请单

（第二种表）

申请日期：2020 年 9 月 8 日

申请站（所）	供电所	申请站（所）长	×××（签、章）
客户名称	×××	客户编号	
申请人	×××	联系电话	
需退补电量、电费(全减另发)原因说明		2020 年 8 月 25 日，在更换 09 版表计时，业扩报装在走流程是误将指示数 12009.23 录为 120009.23。需退费。	
退补依据及计算过程		根据拆回表计可以看出错输(付明细)，需退电费： 正确为：12009.23-11971=38.23*0.5002=19.21 元 错误的：120009.23-11971=108038.23*0.5002=54040.72 元 退：54040.72-19.21=54021.51 元	
县公司分管经理意见	×××	县公司专业技术员或专工审核意见	×××
		县公司客服中心主任意见	×××
县公司主管经理意见	×××		
市公司分管经理意见	×××		
备注		1. 内容描述较多，表中填写不下时，可附件说明。 2. 本单适用于由于抄表失误、档案差错、工单差错、违约等原因对客户进行退补或全减另发。	

图 3-35　该客户电量、电费退补申请单

5. 稽查依据

《国家电网有限公司电费抄核收管理办法》第二十条：应严格通过远程自动化抄录用电计量装置记录的数据，严禁违章抄表作业，不得估抄、漏抄、错抄。具备条件的省公司可以分布建立所有电力客户或部分重要电力客户的全省抄表集中模式，不断提升公司的集约化、精益化管理水平。

6. 防控措施

（1）进行正确的抄表流程，在抄表过程中要严格按照相关规定规范抄表，不得估抄、漏抄、错抄，以免影响到电量电费的准确性。

（2）在拆表前应反复确认指示数的正确性，同时要和当日电力用户用电信息采集系统里的信息核对是否一致，确保拆表时抄表指示数正确。

（3）在电力营销业务应用系统中计量流程录入拆表指示数时，系统提示拆表电量超过130倍时，要及时核实再确定，降低差错发生率。

3.2.4　抄表-抄表不及时

1. 基本情况

抄表段编号：0＊＊＊＊＊＊＊＊＊，抄表段名称：××3号。抄表段属性：低压客户，智能抄表段。抄表段中共有用电户181户，其中低压居民客户136户，中小学教学用电户7户，一般工商业客户14户，农业生产客户24户。抄表例日为每月8日。

2. 信息化检测及数据化研判

2021年9月14日，营销稽查人员在电力营销业务应用系统中抄表管理模块下制定抄表计划，核查2021年9月低压客户抄表计划完成情况时，发现××供电所抄表段0＊＊＊＊＊＊＊＊＊未生成抄表计划（见图3-36），抄表例日为8日，最后抄表月份为2021年8月，其中181户未发起抄表计划。

图3-36　电力营销业务应用系统中抄表段0＊＊＊＊＊＊＊＊＊未生成抄表计划

任意选取抄表段中客户段××，从电力营销业务应用系统中"客户电费/缴费信息"下查看无2021年9月电费缴费信息，最新的发行日期为2021年8月8日（见图3-37）。

从电力营销业务应用系统中计量装置模块下查看电能表最新抄表示数信息（见图3-38），电能表示数信息中抄表日期为2021年8月8日。

图 3-37 电力营销业务应用系统中客户电费缴费信息

图 3-38 电力营销业务应用系统中电能表最新抄表示数信息

根据数据分析 9 月抄表段 0×××××××××未进行抄表算费。

3. 异常核实

在抄表例日当天，电力营销业务应用系统中智能抄表段在零点之后会自动发起抄表计划进行算费。导致抄表计划不能自动发起的原因，一是自动化系统异常，二是人为造成抄表段设置错误或抄表段中客户存在在途业务流程。

检查抄表段属性，从电力营销业务应用系统查看抄表段是智能抄表段，抄表段设置无误（见图 3-39），不影响抄表计划的自动发起。

检查抄表段中客户，如果抄表段中存在有客户已完成表计安装信息录入，未完成归档的在途业务流程，抄表计划不能自动发起。在电力营销业务应用系统"新装增容变更用电"模块，核查抄表段 0×××××××××3 中 9 月1—14 日的业扩工单，客户张××9 月 8 日零点之前存在影响抄表计划自动发起的在途工单，且工单在最后一步归档环节（见图 3-40）。

综上所述，抄表段设置正确无误，主要存在在途工单影响抄表计划的正常发起。

图3-39　电力营销业务应用系统中智能抄表段属性

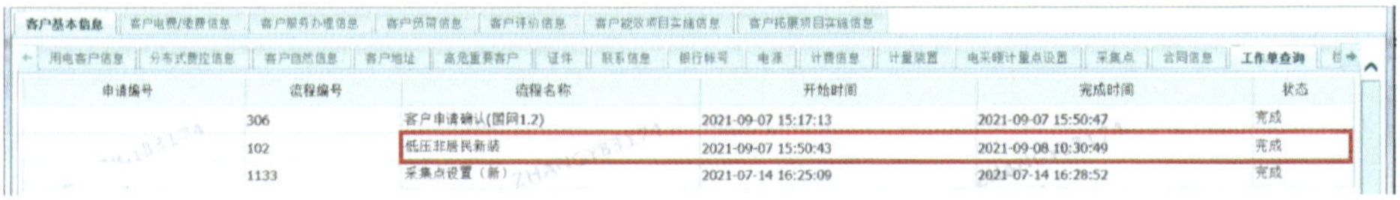

图3-40　抄表段0＊＊＊＊＊＊＊＊3存在9月8日零点之前未归档工单

4. 整改成效

发现异常后，已超过抄表例日6天，抄表计划只能在抄表例日后1天手工发起。客户管理单位对抄表段0＊＊＊＊＊＊＊＊＊手工不能发起抄表计划，进行抄表计划调整申请，调整后的抄表日期为9月14日（调整抄表计划不影响抄表例日，下月可正常算费）。9月14日发行电费（见图3-41），保证9月181户电费正常收取。

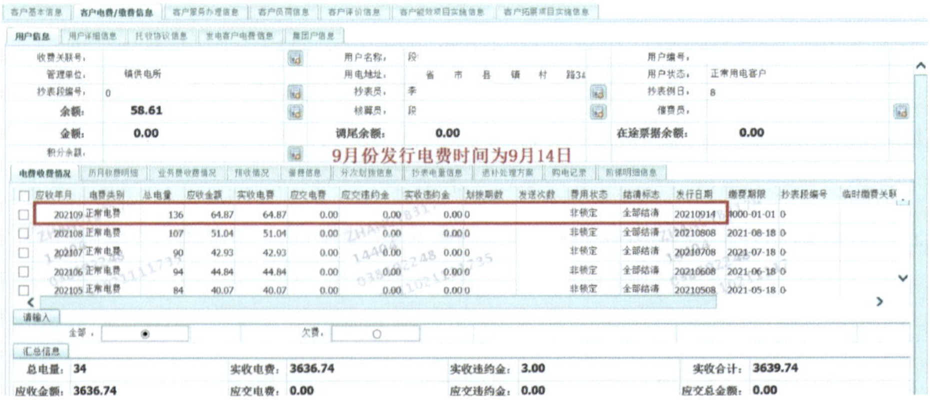

图3-41　电力营销业务应用系统抄表段中用户9月电费

5. 稽查依据

《山西省供电企业营业电费管理工作标准》第二章抄表管理规定：抄表人员必须在规定的抄表日期内及时、准确、无误地抄录电能表数据。目前为智能化抄表算费，抄表例日当天应发行电费。

6. 防控措施

（1）抄表例日前一天，抄表段中客户有计量装置改造和业务变更工单，工单流程已完成安装信息录入环节的要归档，否则影响抄表例日当天的正常抄表算费。抄表例日当天，抄表员要查看当天的未生成计划，如果有未生成计划，要手工生成抄表计划，保证电费的正常收取。

（2）新增抄表段设置正确，一定为智能抄表段，最后抄表月份为正常抄表算费的月份减1个月。

（3）完善营销稽查监控系统内控预警功能。增加提示功能，有影响抄表计划正常生成的工单，要及时提示。电力营销业务应用系统自动拆分出有异常问题户，不影响整个抄表段的计划发起。

3.2.5 抄表–未抄需量值

1. 基本情况

××煤业有限公司，管理单位：××中心营业所，用电类别为大工业用电，两部制电价，按实际最大需量计收基本电费。该客户电能表资产编号 $1*****$ $****6$，2021年4、5月需量未抄，导致漏算基本电费及功率因数调整电费。

2. 信息化检测及数据化研判

营销稽查人员通过电力营销业务应用系统中的"客户电费/缴费信息"模块进行电费稽查时，发现该客户2021年4月（见图3-42）和5月（见图3-43）资产编号为 $1*******6$ 的电能表连续两个月未抄需量。

经过稽查人员深入核查发现该客户2021年4月系统采集回来的需量为0，抄表人员未及时手工录入正确的需量值，导致基本电费及功率因数调整电费错误，发生该差错后未引起足够重视，5月抄表时系统采集回来的需量为0，仍未采取措施，导致该异常连续发生。

3. 异常核实

通过电力营销业务应用系统中的"客户电费/缴费信息"模块查得电能表

图 3-42　电力营销业务应用系统中该客户 2021 年 4 月抄表数据

图 3-43　电力营销业务应用系统中该客户 2021 年 5 月抄表数据

（资产编号：1*******6）4 月和 5 月抄表方式都为远采集抄，且都有有功电量，需量为 0。在变电站及电厂电能信息采集系统可以查询出 4 月的需量值为 596kW（见图 3-44），5 月的需量值为 1166.4kW（见图 3-45）。由此可以确定，该异常的原因为电力营销业务应用系统、电力用户用电信息采集系统与变电站及电厂电能信息采集系统三系统之间衔接异常，导致不能正常采集需量指示数，由于抄表人员工作失误，在未能采集成功时未及时采取措施，手工录入需量指示数导致异常产生。

4. 整改成效

（1）补收该客户的基本电费及功率因数调整电费 63787.39 元（见图 3-46）。

其中：基本电费：（596kW＋1166kW）×36 元/kW＝63432 元；功率因数调整电费：355.39 元。

图 3-44　变电站及电厂电能信息采集系统中该客户 4 月采集需量指示数

图 3-45　变电站及电厂电能信息采集系统中该客户 5 月采集需量指示数

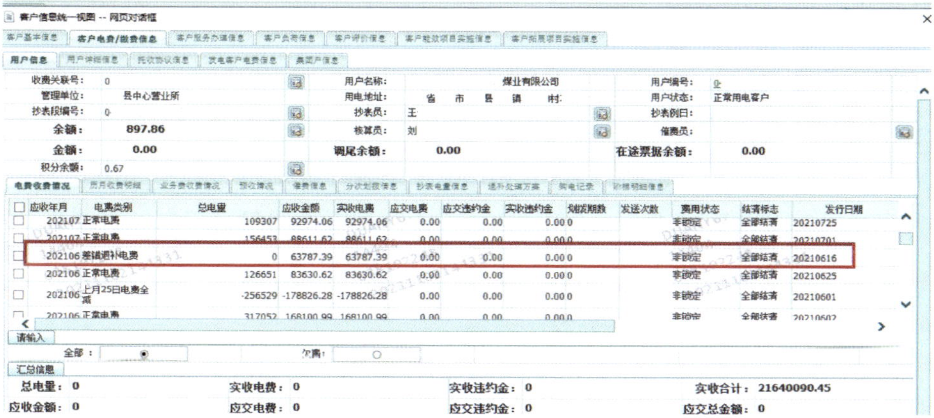

图 3-46　电力营销业务应用系统中该客户电费退补记录

（2）抄表人员生成异常下发，计量人员维护电力营销业务应用系统与电力用户用电信息采集系统之间的"中间库"，使电力用户用电信息采集系统的数据可以正常传输至电力营销业务应用系统，确保抄表的正确性。

5. 稽查依据

《国家电网有限公司电费抄核收管理办法》第二十条规定：应严格通过远

程自动化抄录用电计量装置记录的数据，严禁违章抄表作业，不得估抄、漏抄、错抄。具备条件的省公司可以分步建立所有电力客户或部分重要电力客户的全省抄表集中模式，不断提升公司的集约化、精益化管理水平。

《山西省供电企业营业电费管理工作标准》第二章 2.3.2 规定：自动抄表时发现异常，生成异常报告单发送相关部门处理。对未抄表户生成抄表清单，转抄表员到现场抄表。

6. 防控措施

（1）严格按照正确的抄表流程进行抄表工作，在抄表过程中要规范抄表，不得估抄、漏抄、错抄，以免影响到电量电费的准确性。

（2）在电力营销业务应用系统中增设提示功能，对于有电量，需量值小于某一阈值时要予以提示，提醒抄表人员进行核实。

（3）做好电力营销业务应用系统、电力用户用电信息采集系统与变电站及电厂电能信息采集系统有效的衔接，在发起流程时，采集到的指示数有差异时提示相关信息，再次提醒抄表人员核实，降低差错的发生率。

3.2.6　核算-分类电价现场核定不到位

1. 基本情况

××煤化工集团股份有限公司，该公司是一家以煤为原料生产高浓度复合肥的大型国有现代化企业。110kV 供电，报装容量 113000kVA/6 台，自备发电机组 46000kW/2 台，月用电量约 5200 万 kWh，自发自用电量约 2100 万 kWh，网供电量 3100 万 kWh，用电类别为大工业，生产班次三班制，附属生活区商铺、小区居民、公共服务配套设施用电。

2. 信息化监测及数据化研判

2020 年 11 月，在开展"光力比分类电价现场核实"专项稽查工作中，营销稽查人员通过电力营销业务应用系统对客户档案和历年业扩工单核对中发现，该客户从 2014 年开始按照现有的分类电量定量模式执行至今（定量值为小区居民 40 万 kWh，商业 30 万 kWh，非居民照明 68 万 kWh）。该客户 2014 年开始连续 6 年没有重新核定过分类电价，2020 年 11 月电力营销业务应用系统中截图该客户分类电价执行情况（见图 3-47），显示该客户现在分类电价情况仍未更改。

图 3-47 该客户 2014 年至今分类电价执行情况

3. 现场核实

2020 年 11 月 6 日，营销稽查人员进行分类用电负荷现场核实，主要依据该客户 2020 年 8—10 月"单位总用电量统计表"中（见图 3-48）所属各单位用电量情况进行统计分析，核实分类用电情况如下：

单位总用电量统计表

单位：kWh　2020年8月

单位名称	本月抄表电量	年累计抄表电量	备注	单位名称	本月抄表电量	年累计抄表电量	备注
供煤厂	208033	1706341		质量检验部	6330	58350	
供水厂	12270163	94739573		汽运处	3730	46336	
其中供排水	2168880	17817700		环能管理部	184440	1762640	
其中废水网处理	1003536	8262480		投资公司	307711	2782413	
其中大水网处理	232800	1752400		财务部	307711	2782413	
成品厂	156180	1013160		供销公司	12254	152240	
合成厂	18564277	145602092		其中铁运部	613	7614	
硝酸厂	1245600	9828596		水泥公司	36288	245616	
复肥厂	6646969	52908310		塑料公司	774240	4993920	
其中矿粉	1129985	8994413		兴化公司	338986	2578981	
复肥二厂	599920	3238997		苯胺厂	2209117	16943209	
硝铵厂	1411044	10425624		钾盐公司	211226	1510920	
其中硝酸铵钙	884814	5229024		建筑公司	16440	213576	
热动厂	10177164	81165818		应化公司	1153068	6944856	
其中锅炉	5340894	42278839		精细化工	298080	2362168	
电气厂	6330	58350					
设备公司		600431					
仪表厂	18544	154824		外供电	286133	1479516	含设备公司电量
各单位用电量合计	57449978			各单位用电量年累计	446299270		

单位总用电量统计表

单位：kWh　2020年9月

单位名称	本月抄表电量	年累计抄表电量	备注	单位名称	本月抄表电量	年累计抄表电量	备注
供煤厂	195419	1901760		质量检验部	6300	64650	
供水厂	12130481	106870054		汽运处	3763	50099	
其中供排水	2305380	20125080		环能管理部	217105	1979745	
其中废水处理	1040280	9302760		投资公司	313202	3095615	
其中大水网处理	228575	1980975		财务部	313202	3095615	
成品厂	125940	1139100		供销公司	12365	164605	
合成厂	18830608	164432700		其中铁运部	618	8232	
硝酸厂	1288159	11116755		水泥公司	32400	278016	
复肥厂	5638466	58546776		塑料公司	746640	5740560	
其中矿粉	958539	9952952		兴化公司	299961	2878942	
复肥二厂	1032944	4271941		苯胺厂	2682691	19625900	
硝铵厂	1514370	11939994		钾盐公司	194878	1705798	
其中硝酸铵钙	825330	6054354		建筑公司	16800	230376	
热动厂	10154289	91320107		应化公司	1152774	8097630	
其中锅炉	5395256	47674095		精细化工	270000	2632168	
电气厂	6300	64650					
设备公司	61826	721907					
仪表厂	18144	172968		外供电	99395	1519261	
各单位用电量合计	57358422			各单位用电量年累计	503657692		

图 3-48 客户所属各单位用电量情况统计表（一）

单位总用电量统计表

单位：kWh　　2020年10月

单位名称	本月抄表电量	年累计抄表电量	备注	单位名称	本月抄表电量	年累计抄表电量	备注
供煤厂	137248	2039008		质量检验部	6840	71490	
供水厂	8867962	115738016		汽运处	5141	55240	
其中供排水	1700100	21825180		环能管理部	210295	2190040	
其中废水处理	768504	10071264		投资公司	347651	3443266	
其中大水网处理	150425	2131400		财务部	347651	3443266	
成品厂	64680	1203780		供销公司	16891	181496	
合成厂	12958306	177391006		其中铁运部	845	9077	
硝酸厂	821089	11937844		水泥公司	20880	298896	
复肥厂	2105813	60652589		塑料公司	459720	6200280	
其中矿粉	357988	10310940		兴化公司	222117	3101059	
复肥二厂	196668	4468609		莱胶厂	1659392	21285292	
硝铵厂	1171098	13111092		钾盐公司	86190	1791988	
其中硝酸铵钙	602898	6657252		建筑公司	27984	258360	
热动厂	6079709	97399816		应化公司	646782	8744412	
其中锅炉	3001577	50675672		精细化工	133920	2766088	
电气公司	6840	71490					
设备公司	71844	793751					
仪表厂	20649	193517		外供电	261799	1781060	
各单位用电量合计	36955059			各单位用电量年累计		540612751	

图3-48　客户所属各单位用电量情况统计表（二）

（1）小区居民用电主要是生活区和××小区两个区域。居民客户4500户，月用电量依据客户厂区内居民客户月平均用电量115kWh计算，总用电量为51.75万kWh，与现行核定值小区居民40万kWh有很大差距。

（2）商业用电主要有小区周边的商铺用电、××宾馆、××大酒店和俱乐部。依据客户参考表所计电量计算，生活区商业和小区居民每月总表平均电量约65万kWh，核减小区居民51.75万kWh，商业用电量约13.25万kWh，与现行核定值商业30万kWh减少16.75万kWh。

（3）非居民照明用电包括已装表的质检部、汽运处、环能管理部、供销公司、建筑公司5个单位和未单独装表的19个厂区照明用电。已装表的5个单位月均用电量为25万kWh；未装表的19个厂区照明用电量，根据现场负荷调查，厂区工业月用电量约3300万kWh计算，生产厂区有3‰为非居民照明，核定光力比为99万kWh。5个独立装表的非居民照明和生产厂区的非居民照明用电每月合计124万kWh。

通过与客户电气负责人沟通，询问客户生产工艺流程、班次、各类用电设备运行时长等信息，并充分依据客户提供的厂区内部总用电量统计表，确定该客户不同电价类别用电量的比例或定量应重新调整，督促客户重新提交不同电价类别用电量的比例或定量变更业务申请。

4. 整改成效

（1）经营成效显著。经现场初步核实，当前分类电价定量值应为小区居民51.75万kWh，商业13.25万kWh，非居民照明124万kWh。按照现行分类电价执行标准，一般工商业峰段电价 0.7142 元/kWh，大工业峰段电价 0.57905 元/kWh，小区居民电价 0.447 元/kWh，并依照大工业扣减定量分表规则：定量分出的电量全部从大工业总表峰段扣减，例如非居民增收电费＝差额电量×（现执行电价－原电价）。重新核定后的分类电量通过表 3-1 数据可以看出稽查成效，计算出直接影响供电企业月增收 3.76 万元，年增收 45.12 万元。

表 3-1 客户所属各单位用电量情况统计表

用电类别	调整前电量（万 kWh）	调整后电量（万 kWh）	电量差值（万 kWh）	原电价（元）	现执行电价（元）	增收电费（万元）
非居民照明	68	124	56	0.57905	0.7142	7.57
商业	30	13.25	−16.75	0.57905	0.7142	−2.26
小区居民	40	51.75	11.75	0.57905	0.447	−1.55
合计	138	189				3.76

（2）营销业务合规。通过定期开展客户用电分类负荷现场核实，可以保证供用电双方公平、公正交易，维护双方合法权益，同时强化供电公司营销服务人员合规办理业务的意识和技能，提升营销基础业务管理水平。

5. 稽查依据

《供电营业规则》第七十一条：在客户受电点内难以按电价类别分别装设用电计量装置时，可装设总的用电计量装置，然后按其不同电价类别的用电设备容量的比例或实际可能的用电量，确定不同电价类别用电量的比例或定量进行计算，分别计价。供电企业每年至少对上述比例或定量核定一次，客户不得拒绝。

6. 防控措施

（1）定期开展客户分类电量现场核实工作。针对现有执行光力比客户，应严格按照《供电营业规则》第七十一条：定期现场核实分类电价，依据现场核实情况，对具备装表条件的尽快整改，用电负荷发生变化的及时调整，确保客户分类电价执行规范。

（2）规范分类电量现场核实业务标准。应统一部署和明确分类电价现场核定的方式和标准，依据现场实际用电情况，认真填写"电力客户分类电量现场核定确认表"，并经双方签字确认存档，作为分类电价调整变更的依据，确保客户分类电价执行到位。

（3）业务源头合理确定客户分类电价方案。针对新装和增容客户，应由业扩专业负责，计量专业配合，规范业扩环节供电方案和计量方式确定，客户受电工程具备按电价类别装表条件的要装表计量，不具备装表条件的分类电价应核定准确，确保售前分类电量计收公平。

3.2.7 核算—客户峰谷电量电费执行异常

1. 基本情况

××股份有限公司××市分公司，2014 年立户，低压 220V 供电，报装容量 5kW，用电类别原为非普工业电价，2020 年 1 月改类为商业用电。2020年 3 月 3 日曾进行电能计量装置改造（见图 3 - 49）。

2. 信息化检测及数据化研判

2021 年 9 月 5 日，营销稽查人员通过电力营销业务应用系统筛查商业客户过程中，发现该客户峰谷电量电费执行异常，只有峰、谷两段电量电费，缺失平段电量电费。

客户基本信息	客户电费缴费信息	客户服务办理信息	客户负荷信息	客户评价信息	客户能效项目实施信息	客户拓展项目实施信息
200117377290	1133	采集点设置（新）	2020-01-17 17:45:53	2020-01-17 18:12:20		完成
200121475994	215	改类	2020-01-21 10:02:33	2020-01-22 16:45:57		完成
200214706152	1133	采集点设置（新）	2020-02-14 16:27:09	2020-02-14 16:32:55		完成
200223776233	1133	采集点设置（新）	2020-02-23 10:02:14	2020-02-23 10:06:20		完成
200303833112	09003	电能计量装置改造	2020-03-03 08:37:31	2020-03-04 09:09:16		完成
200510925239	1133	采集点设置（新）	2020-05-10 14:02:35	2020-05-10 14:23:39		完成
20210121619108	1133	采集点设置（新）	2021-01-21 16:54:52	2021-01-21 17:04:17		完成
20210910928204	1133	采集点设置（新）	2021-09-10 18:15:50	2021-09-10 18:21:15		完成

图 3 - 49 电力营销业务应用系统中该客户档案工单明细

进一步分析发现，该客户在 2020 年 3 月改造前执行峰、谷、平三时段电价是正确的（见图 3 - 50）；改造后，表计只计量峰、谷两时段电量，无平段电量（见图 3 - 51）。

3. 现场核实

2021 年 9 月 20 日，营销稽查人员到现场进行客户用电安全检查服务，发现该客户主要用电设备是信号发射器 1 台，2020 年 3 月该台区进行批量计量装置改造，统一更换表计，该客户开始使用现表计（见图 3 - 52）。从表计装出之日起，计量时段即为高峰：8：00－22：00，低谷：22：00－8：00，峰谷电量计量错误，缺少平段电量，造成商业峰谷电价执行不到位。

图 3-50 电力营销业务应用系统中该客户 2020 年改造前 3 月峰谷平电量执行情况

图 3-51 电力营销业务应用系统中该客户 2020 年改造后 4 月峰谷平电量执行情况

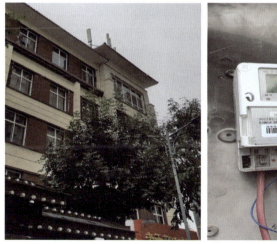

图 3-52 现场用电设备、智能电能表情况

4. 整改成效

（1）修正电能表时段并退还电费差额。根据新时段设置后表计计量情况（见图 3-53）和用电设备用电性质进行推算，该客户每月峰电量、平电量、谷电量基本应各占 1/3，据此重新核算换表后至修正前电量电费，应退客户差额电费 1074.75 元（见表 3-2）。

图 3-53　电力用户用电信息采集系统中整改前后示数对比图

表 3-2　　　　　智能电能表更换前后电量、电费核算情况

项目	目录电价简称	时段	有功结算电量（kWh）	目录电度电价单价（元/kWh）	目录电度电费金额（元）	代征电费（元）	电度电价单价（元/kWh）	电度电费金额（元）
整改前	输配一般工商业_不满 1kV	谷	11640	0.06934	807.1176	691.05516	0.128709	1498.17
	输配一般工商业_不满 1kV	谷	11640	0.150977	1757.37228	0	0.150977	1757.37
	输配一般工商业_不满 1kV	峰	18333	0.4233	7760.3589	0	0.4233	7760.36
	输配一般工商业_不满 1kV	峰	18333	0.1944	3563.9352	1088.411877	0.253769	4652.35
合计			59946		13888.78398	1779.467037		15668.25102
整改后	输配一般工商业_不满 1kV	平	9991	0.1296	1294.8336	592.96585	0.18895	1887.80
	输配一般工商业_不满 1kV	平	9991	0.293	2927.363	0	0.293	2927.36
	输配一般工商业_不满 1kV	谷	9991	0.06934	692.77594	592.96585	0.12869	1285.74
	输配一般工商业_不满 1kV	谷	9991	0.156755	1566.139205	0	0.156755	1566.14
	输配一般工商业_不满 1kV	峰	9991	0.1944	1942.2504	592.96585	0.25375	2535.22

续表

项目	目录电价简称	时段	有功结算电量（kWh）	目录电度电价单价（元/kWh）	目录电度电费金额（元）	代征电费（元）	电度电价单价（元/kWh）	电度电费金额（元）
整改后	输配一般工商业_不满1kV	峰	9991	0.4395	4391.0445	0	0.4395	4391.04
合计			59946		12814.40665	1778.89755		14593.30
								1074.95

（2）发现一个，消除一类异常。××公司目前已整改 15 户同异常类型客户，保证了商业峰谷电价政策能够执行到位。

5. 稽查依据

《山西省电网峰谷分时电价实施办法》（晋价工字〔1996〕第 106 号）文件中规定：商业峰平谷时段划分：

高峰时段：	平段：	低谷时段：
8：00—11：00	7：00—8：00	23：00—7：00
18：00—23：00	11：00—18：00	

6. 防控措施

（1）提高计量采集人员运维能力。该案例中，客户从 2020 年 3 月表计装出后未在接电后进行现场校核，后期发现异常后也未进行整改（见图 3-54）。

图 3-54 电力用户用电信息采集系统中异常未整改

（2）充分利用数字化稽查能力，在电力用户用电信息采集系统和电力营销业务应用系统增加查询模块，筛查所有存在异常的峰谷（包括居民峰谷、煤改电峰谷在内）客户，各客户供电管理单位进行整改，确保各类峰谷电价执行到位，全过程管理到位。

（3）发现峰谷客户表计时段设置错误后，在电力用户用电信息采集系统中可通过重新下发表计时段或者使用掌机现场操作方法，修正表计当前时段。

3.2.8　核算-基本电费执行异常

1. 基本情况

××市××污水处理有限公司，2009年9月30日新装立户，10kV供电，报装容量1000kVA/2台，行业分类为污水处理及其再生利用，用电类别为大工业用电。主要生产用电设备有污水泵、污泥泵、存水泵、计量泵、螺旋泵、空气压缩机、取水样机、格栅清污机、刮沙机、刮泥吸泥机、交直流电动机、变速电动机、照明设备等，生产班次二班制，月均用电量约30万kWh，抄表例日为每月5日。

2. 信息化监测及数据化研判

2020年9月20日，营销稽查人员通过电力营销业务应用系统中对行业分类为污水处理及其再生利用的客户开展筛查，发现该客户符合《山西省发展和改革委员会关于完善部分环保行业用电支持政策的通知》（晋发改商品发〔2018〕710号）文件中对污水处理企业的相关规定（见图3-55）。

山西省发展和改革委员会文件

晋发改商品发〔2018〕710号

山西省发展和改革委员会
关于完善部分环保行业用电支持政策的通知

各市发展改革委、国网山西省电力公司、山西地方电力有限公司、各增量配电网企业：

根据《国家发展改革委关于创新和完善促进绿色发展价格机制的意见》（发改价格规〔2018〕943号）精神，为充分发挥价格杠杆引导资源优化配置的积极作用，助力打好污染防治攻坚战，现将我省部分环保行业用电支持政策通知如下，请遵照执行。

一、自2018年7月1日起，对我省实行两部制电价的污水处理企业用电、港口岸电运营商用电，免收需量（容量）电费。

二、对向电网企业直接报装接电的电动汽车集中式充换电设施用电，继续免收需量（容量）电费。

三、各市发展改革委要加强对电价执行情况的监管，督促电网企业及时将已收取的需量（容量）电费予以清退。执行过程中如遇相关问题和情况，请及时报告。

四、以上支持政策暂执行至2025年底。

山西省发展和改革委员会
2018年10月30日

（此文主动公开）

图3-55　《山西省发展和改革委员会关于完善部分环保行业用电支持政策的通知》

根据电力营销业务应用系统中该客户的相关业务信息（见图3-56～图3-59），该客户2019年4月之前每月计收基本电费1000kVA×24元/kVA＝24000元，

2019年4月该客户在电力营销业务应用系统中发起改类流程，免收基本电费，故该客户多计收2018年7月1日—2019年3月4日期间的基本电费及其相应功率因数调整电费。

图3-56 电力营销业务应用系统中用电客户行业分类标识

3. 现场核实

9月23日，营销稽查人员到现场进行核实。通过与客户负责人沟通，询问用户生产工艺流程、班次、各类用电设备运行情况等信息，确认客户在电力营销业务应用系统档案中的行业分类和现场客户行业相符，主要用电设备为污水处理设备（见图3-60）。

图3-57 电力营销业务应用系统中该客户2018年7月基本电费执行情况

经县供电公司业扩人员再次确认，该客户符合《山西省发展和改革委员会关于完善部分环保行业用电支持政策的通知》（晋发改商品发〔2018〕710号）文件中对执行两部制电价的污水处理企业的相关规定，应退该客户2018年7月1日—2019年3月4日期间基本电费和相应功率因数调整电费，县供电公司提交退补申请并签章确认（见图3-61）。

图 3-58 电力营销业务应用系统中该客户 2019 年 3 月基本电费执行情况

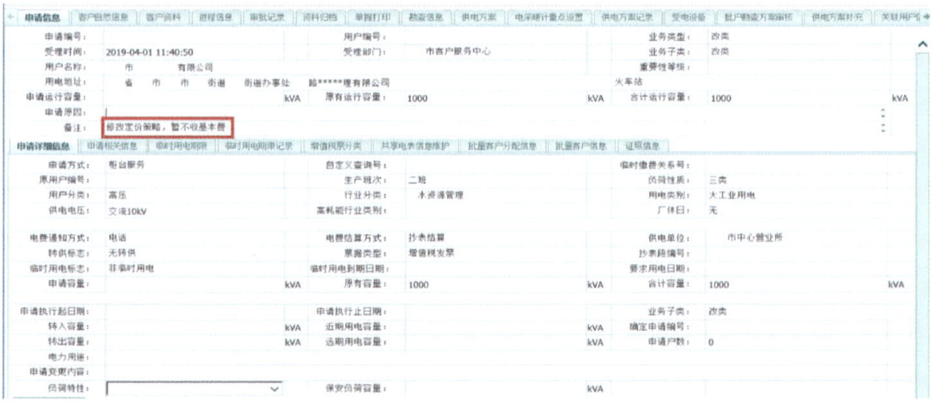

图 3-59 电力营销业务应用系统中该客户 2019 年 4 月 1 日发起该类流程，免收基本电费

图 3-60 客户现场主要用电设备为污水处理设备

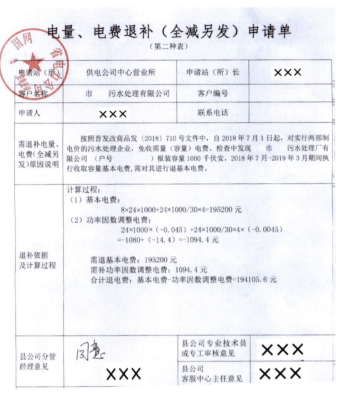

图 3-61 县供电公司提交该客户退补电费申请单

4. 整改成效

（1）该客户抄表例日为每月的 5 日，退 2018 年 7 月 1 日－2019 年 3 月 4 日之间的基本电费 195200 元。计算过程：1000kVA×8 个月×24 元/kVA＋(1000/30)×4 天×24 元/kVA＝195200 元。

（2）补 2018 年 7 月 1 日－2019 年 3 月 4 日之间的功率因数调整电费 1094.4 元。计算情况见表 3-3。

表 3-3　　　2018 年 7 月 1 日－2019 年 3 月 4 日之间的功率
因数调整电费计算表

电费年月	参与调整基本电费金额（元）	当月实际功率因数	调整系数	功率因数调整电费（元）
2018 年 7 月	3200	0.93	0.0045	14.4
2018 年 8 月	24000	0.92	0.003	72
2018 年 9 月	24000	0.93	0.0045	108
2018 年 10 月	24000	0.92	0.003	72

续表

电费年月	参与调整基本电费金额（元）	当月实际功率因数	调整系数	功率因数调整电费（元）
2018 年 11 月	24000	0.93	0.0045	108
2018 年 12 月	24000	0.95	0.0075	180
2019 年 1 月	24000	0.95	0.0075	180
2019 年 2 月	24000	0.95	0.0075	180
2019 年 3 月	24000	0.95	0.0075	180
合计				1094.4

（3）2019 年 4 月发起改类流程，免收基本电费，山西省发展和改革委员会关于完善部分环保行业用电支持政策执行到位。

5. 稽查依据

《山西省发展和改革委员会关于完善部分环保行业用电支持政策的通知》（晋发改商品发〔2018〕710 号）文件中第一款之规定：自 2018 年 7 月 1 日起，对我省实行两部制电价的污水处理企业用电、港口岸电运营商用电，免收需量（容量）电费。

6. 防控措施

（1）新的电价政策应及时宣贯到位。业扩报装人员和核算人员应认真学习新电价政策，根据电价文件要求，在规定时间内对文件中要求的客户电价方案进行变更，正确执行电价。

（2）调价客户执行到位情况应专项稽查。充分利用电力营销业务应用系统对调价涉及客户进行核对、现场检查、甄别确认，不断增强数据监控、数据分析和异常研判专业技能和水平，保证电价执行到位，提高电价的执行及时性和准确性。

3.2.9　核算-功率因数执行异常

1. 基本情况

××县××建材有限公司，2004 年 6 月立户，10kV 供电，报装容量2050kVA（1600kVA＋200kVA＋250kVA），当前运行容量 250kVA。原主用电类别为大工业，分 5% 非居民照明。2021 年 8 月 25 日报停 1600、200kVA变压器，改为非普工业电价，非居民类别未变（见图 3-62）。

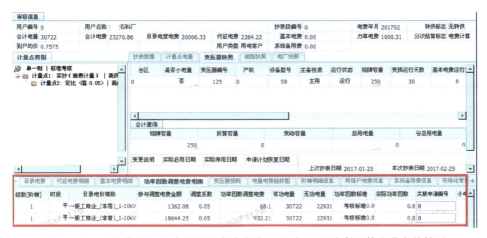

图3-62 电力营销业务应用系统中客户当前档案计量计费关系

2. 信息化监测及数据化研判

2021年10月8日，营销稽查人员通过电力营销业务应用系统开展筛查，发现该客户功率因数调整电费执行存在异常，只有主表非普电量执行功率因数调整电费，其定比非居民照明电量部分未执行功率因数调整电费。

进一步分析其电费档案，发现该客户在2017年3月9日前，运行为一台250kVA变压器，主表执行非普电价，分5%执行非居民电价，同时执行功率因数考核标准0.9（见图3-63）。

图3-63 电力营销业务应用系统中该客户2017年2月功率因数电费考核情况

2017年3月9日办理增容工单，250kVA增容为450kVA，电价变更为主表1执行大工业电价，分5%执行非居民电价不变；主表2执行大工业电价。3月电费核算中，大工业执行0.9功率因数考核标准，非居民不再执行功率因数考核（见图 3-64）。

图 3-64　电力营销业务应用系统中该客户 2017 年 3 月功率因数调整电费

一直到 2021 年 10 月，非居民电费均未执行功率因数考核。详细查询该客户业扩工作单记录：从立户到 2021 年 10 月该客户共经过两次增容变更手续。

第一次：2017 年 3 月 9 日增容工单（见图 3-65），供电方案中取消原考核标准，改为不考核（见图 3-66）。

图 3-65　电力营销业务应用系统中该客户 2017 年 3 月 9 日归档增容工单

第二次：2021 年 8 月 3 日增容工单，总容量变为 2050kVA，供电方案中非居民功率因数考核标准变更为功率因数考核标准 0.85（见图 3-67）。

但是工单归档后，其档案中计费信息未变，仍为不考核，持续造成电费有误（见图 3-68）。

图 3-66　电力营销业务应用系统中该客户 2017 年 3 月增容工单中供电方案

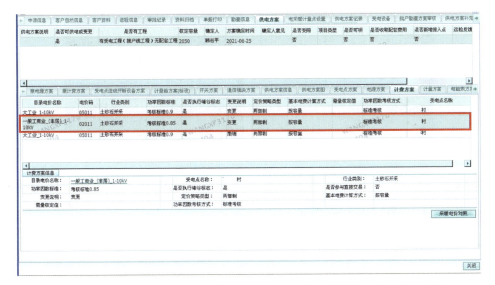

图 3-67　电力营销业务应用系统中该客户 2021 年 8 月增容工单中供电方案

图 3-68　电力营销业务应用系统中该客户档案计费信息

　　结论：该客户从 2017 年 3 月 9 日增容工单开始至今，非居民定比 5％电费一直不考核功率因数调整电费。

3. 现场核实

2021年10月26日，营销稽查人员到现场进行客户用电安全检查服务，核实该客户3台变压器，计量点设置在高压侧T接点处（见图3-69）。

图3-69 现场用电设备及智能电能表安装情况

核实结论：用电现场只有一个受电点，一套总表计量，两种类别用电。

经现场与客户沟通了解，客户2004年立户后，经过两次增容，与系统记录一致。现场向客户详细解释有关功率因数考核文件精神，取得了客户的高度认可，并在用电检查工作单签字确认。

4. 整改成效

（1）根据非居民执行0.85功率因数考核标准，重新计算2017年3月至今非居民电量电费，应补功率因数调整电费898.27元（见表3-4）。

表3-4　　　执行0.85功率因数考核标准重新计算后应补电费表

电费年月	非居民电量电费（元）	实际功率	力调系数	应调整金额（元）
2017年3月	852.33	0.73	0.06	51.14
2017年4月	695.83	0.77	0.04	27.83
2017年5月	539.64	0.76	0.045	24.28
2017年6月	420.07	0.8	0.025	10.50
2017年7月	538.46	0.81	0.02	10.77
2017年8月	534.84	0.76	0.045	24.07

续表

电费年月	非居民电量电费（元）	实际功率	力调系数	应调整金额（元）
2017 年 9 月	645.69	0.87	−0.002	−1.29
2017 年 10 月	636.97	0.87	−0.002	−1.27
2017 年 11 月	727.52	0.89	−0.004	−2.91
2017 年 12 月	1133.23	0.98	−0.011	−12.47
...	...	...	...	
2021 年 1 月	615.71	0.97	−0.011	−6.77
2021 年 2 月	415.43	0.95	−0.011	−4.57
2021 年 3 月	360.78	0.78	0.035	12.63
2021 年 4 月	1153.72	0.64	0.11	126.91
2021 年 5 月	585.88	0.65	0.1	58.59
2021 年 6 月	214.25	0.7	0.075	16.07
2021 年 7 月	24.83	0.64	0.11	2.73
2021 年 8 月	176.32	0.6	0.15	26.45
2021 年 9 月	381.1	0.69	0.08	30.49
2021 年 10 月	1169.28	0.66	0.095	111.08
合计				898.27

（2）提升服务质量，指导客户正确用电，提升用电设备效率，节约用电，提前消除服务风险，优化营商环境。

5. 稽查依据

《水利电力部、国家物价局关于颁发〈功率因数调整电费办法〉的通知》〔（83）水电财字第 215 号〕文件中规定：

功率因数的标准值及其适用范围：

（1）功率因数标准 0.90，适用于 160kVA 以上的高压供电工业用电户，装有带负荷调整电压装置的高压供电电力用电户和 3200kVA 及以上的高压供电电力排灌站。

（2）功率因数标准 0.85，适用于 100kVA（kW）及以上的其他工业用电户，100kVA（kW）及以上的非工业用电户，100kVA（kW）及以上的电力排灌站。

（3）功率因数标准 0.80，适用于 100kVA（kW）及以上的农业用电户和趸售用电户，但大工业用电户未划由供电企业直接管理的趸售用电户，功率因数标准应为 0.85。

功率因数的计算方法：

对客户不同的受电点和不同用电类别的用电分别安装计费电能表，每组电能表作为一个计费单位。功率因数对每个计费单位进行考核，但考虑到计量方式的不同，简便计算办法，对功率因数的考核可按下列方法计算。

（1）总表内装有不同用电类别的计费电能表，而考核功率因数的标准值相同，可按总表计量点的有功电量与无功电量（包括倒送的无功电量）计算实际功率因数。如果总表内各类用电考核功率因数的标准值不同，按总表计量点的实际功率因数，对执行不同标准值的各类用电调整电费。

（2）对同一受电点由于分线分表，装有不同类别的计费电能表（均为母表），可将这一受电点的有功电量、无功电量分表总加计算这个受电点的实际功率因数，按考核的标准值对每个计费单位进行电费调整。

山西省物价局《关于明确我省电价政策执行中有关问题的通知》（晋价商字〔2010〕5 号）中第四条规定：根据《水利电力部、国家物价局关于颁发〈功率因数调整电费办法〉的通知》（83 水电财字第 215 号）精神，结合我省工商业并价情况，工商业并价后一般工商业客户暂执行原非工业、普通工业功率因数标准。

6. 防控措施

（1）应将功率因数执行文件及其计算方法宣贯到一线业务人员，提高客户经理、审核人员业务能力。

（2）在电力营销业务应用系统的业扩流程中增加选择限制模块，根据客户报装容量及用电类别限定功率因数考核和标准选项，从而进一步规范执行。

（3）在电力营销业务应用系统中增加查询模块筛查所有分表功率因数未执行和执行错误的客户明细，由地市、县供电公司自主稽查进行整改，确保执行到位。

3.2.10　核算-煤改电电价异常

1. 基本情况

蒋××，2007 年 7 月 1 日新装立户，交流 220V 供电，用电类别为乡村居民生活用电。主要用电为居民生活家用电器及电采暖设备，月均用电量约1500kWh，抄表例日为每月6日。

2. 信息化监测及数据化研判

2020年12月20日，营销稽查人员通过电力营销业务应用系统对煤改电客户开展筛查，发现该客户2020年12月8日完成煤改电认定流程（见图3-70），但2020年12月电费未执行煤改电电价。经向县供电公司报装人员核实，该客户2020年11月由当地政府机构认定为煤改电客户，但因文件传达滞后，导致报装人员2020年12月8日才发起煤改电认定流程，其12月电费抄表周期为11月6日—12月5日，导致12月电费计算电价仍为阶梯居民执行（见图3-71）。

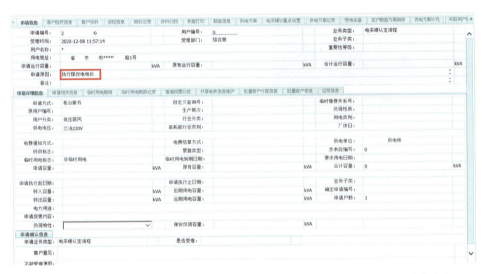

图3-70　电力营销业务应用系统中该客户2020年12月8日发起煤改电认定流程

图3-71　电力营销业务应用系统中该客户2020年12月电费电价仍按阶梯居民执行

3. 现场核实

2020 年 12 月 23 日，营销稽查人员到现场进行核实。经核实该客户使用的取暖设备是经政府部门认可的××品牌（见图 3-72）。

图 3-72　客户现场取暖设备

根据县街道办事处下发的相关函，经县供电公司业扩人员再次确认，该客户符合煤改电客户的相关规定，并确定该客户煤改电认定时间应为 2020 年 11 月 6 日，同时执行煤改电电价，而系统中实际认定时间为 2020 年 12 月 8 日，执行阶梯居民电价，导致 2020 年 12 月电价执行错误，故应退差价电费，由县供电公司提交退补申请并签章确认。

4. 整改成效

退客户 2020 年 11 月 6 日—12 月 5 日之间的阶梯居民和煤改电电价差价电费 623.08 元，退补依据及计算过程如下：

因该客户为采暖用电与生活用电未实行分别计量的客户，根据《山西省发展和改革委员会关于我省 2019-2021 年"煤改电"用电价格及有关事项的通知》（晋发改商品发〔2019〕458 号）的相关规定，核定其每月基础电量为 162kWh，即 8—9 月电量的平均值。

该客户抄表例日为每月的 6 日，应退 2020 年 11 月 6 日—12 月 5 日之间的阶梯居民和煤改电电价差价。

12 月 6 日电量为 1484kWh，执行居民电价，电费为 85kWh×0.477 元/kWh+180kWh×0.527 元/kWh+1219kWh×0.777 元/kWh=1082.57 元。

12 月 6 日应算电费为 85kWh×0.477 元/kWh+77kWh×0.527 元/kWh+1322kWh×0.2862 元/kWh=459.49 元。

故应退电费 1082.57 元-459.49 元=623.08 元。

5. 稽查依据

《山西省发展和改革委员会关于我省 2019-2021 年"煤改电"用电价格及有关事项的通知》（晋发改商品发〔2019〕458 号），居民家庭"煤改电"电价政策第二条：采暖用电与生活用电未实行分表计量的"煤改电"居民家庭，以采暖期开始前8、9月月均生活电量为基础电量，采暖期内每月超出基础电量部分视为采暖用电量。其中：基础电量按居民生活用电价格执行（见图3-73）。

山西省发展和改革委员会文件

晋发改商品发〔2019〕458号

山西省发展和改革委员会
关于我省2019—2021年"煤改电"
用电价格及有关事项的通知

各市发展改革委，国网山西省电力公司、山西地方电力有限公司：

我委出台"煤改电"电价政策以来，在推动全省加快实现清洁供暖的同时，有效降低了居民家庭"煤改电"用电成本。为继续贯彻《国家发展改革委关于印发北方地区清洁供暖价格政策意见的通知》（发改价格〔2017〕1684号）精神，坚持保障和改善民生，现就我省2019-2021年"煤改电"用电价格及有关事项通知如下：

一、居民家庭"煤改电"电价政策

电网企业直接抄表到户的居民家庭"煤改电"用户执行独立的电采暖电价政策。

（一）采暖用电实行单表计量、单独计价的"煤改电"居民家庭，用户可结合家庭采暖用电实际，向所在地供电部门提出申请，在以下三种计价方式中，自主选择最经济的计费方式。

峰谷时段计价方式：采暖用电执行峰谷电价，采暖用电量不受限制，不执行阶梯电价，峰谷时段划分和电价格按附件1居民用户类别执行。

平段电价计价方式：采暖用电不区分峰谷时段，不执行阶梯电价，采暖季用电量在各市发展改革委确定的用电量额度范围内（采暖季电量额度为2600千瓦时/月×采暖季供暖月），用电价格为0.2862元/千瓦时，超出部分用电价格按0.507元/千瓦时执行。

平段电价计价方式：采暖用电不执行峰谷电价和阶梯电价，采暖用电量不受限制，用电价格为0.4770元/千瓦时。

（二）采暖用电与生活用电未实行分表计量的"煤改电"居民家庭，以采暖用电开始前8-9月份月均生活用电量为基础电量，基础电量以后每月超出基础电量部分视为采暖用电量。其中：基础电量按居民生活用电价格执行，采暖用电量按单表计量、单独计价"煤改电"居民家庭"用电量计价方式"执行。

（三）执行居民电价的非居民用户"煤改电"，用电单位

图3-73 山西省发展和改革委员会"煤改电"电价文件

6. 防控措施

（1）及时宣贯新的电采暖电价政策，业扩报装人员应认真学习新的"煤改电"电价政策，根据文件要求，在规定时间内对客户电价方案进行变更，正确执行电价，积极响应政府清洁取暖工程，确保"煤改电"惠民政策执行到位。

（2）定期稽查相关部门下发的关于调价客户执行到位情况，制定专项稽查活动。充分利用电力营销业务应用系统对客户电价执行情况进行核对，并结合现场检查等手段，对客户甄别确认，不断增强数据监控、数据分析和异常研判专业技能及水平，保证电价执行到位。

（3）每年采暖期前确保已经认定的"煤改电"客户发起特抄流程，保证"煤改电"客户进入采暖季后能执行正确电价，确保客户电费正确。

3.2.11 收费-销户客户购电费余额清退不及时

1. 基本情况

在收费业务环节存在"销户客户购电费余额清退不及时"的普发性问题，如不立即改正、加以管控，将影响到客户体验感知，损害了公司形象，影响

到公司经营效益。截至 2021 年 8 月 31 日，××供电公司共有销户购电费不为 "0" 的客户共 1242 户，剩余电费余额 34297.95 元。其中：销户超过 1 年及以上的客户共 420 户，涉及金额 28110.70 元。

2. 信息化监测及数据化研判

针对××审计暴露出的 "已销户客户购电费余额未清退" 业务风险，××供电公司全面剖析，举一反三，积极开展整改销号工作。

2021 年 8 月 1 日，营销稽查人员通过电力营销业务应用系统自定义查询功能，进行销户客户的剩余电费余额抽取，汇总生成销户客户剩余电费余额明细表（见图 3-74）。

图 3-74　电力营销业务应用系统中自定义查询销户客户的购电费余额

按照问题分步整改的要求，对存在有购电费余额的销户客户，首先对 "已销户 1 年及以上客户的购电费余额未及时清退" 的情况进行整改。鉴于电力营销业务应用系统目前不能实现对 "销户归档时间超过 1 年及以上的客户" 进行筛查，故积极联系省公司协调抽取系统后台数据，并与客户档案信息相关数据核对分析后，锁定疑似异常客户。

3. 现场核实

2021 年 8 月 5 日—9 月 6 日，营销稽查人员现场核实，并督促收费员与客户进行沟通联系。经核实，21 户退费手续完成收资核实，39 户客户的购电费余额结转至客户指定其他用电户完成业务确认，共计金额 9507.83 元。但在核实期间，76 户已取得联系但客户无法提供完整的退费认证手续，284 户无法与客户取得联系，共计金额 18602.87 元。

4. 整改成效

（1）截至 2021 年 9 月 15 日已完成了 21 户的退费手续，39 户的购电费余额结转至客户指定户号中，共计金额 9507.83 元。

（2）经资料核实、媒体公告、会议研究、财务审核等流程，转营业外收入客户共 360 户，涉及金额 18602.87 元。具体业务处理流程如下：

第一步公告：客户所属供电单位将已销户但无法退费的客户名单和业务处理等相关事宜，在当地政府公共报刊进行登报公示，公示时间为 5 个工作日。

第二步审定：未按时间规定联系退费的客户或不能提供有效退费手续的客户，提交资料进行会议研究审定，按规定进入转营业外收入流程。

第三步结转：客户所属供电单位向上级提交资料，经会计师事务所出具审计报告并报财务审核、经本单位决策程序后，结转营业外收入处理。

5. 稽查依据

《国家电网有限公司会计基础管理办法》［国网（财/2）350 – 2018］第四章第四节六十二条：要加强预收账款的核对与检查，对于挂账超过一年的预收账款应分析成因，符合结转条件的要及时结转。同时，《国网山西省电力公司关于规范销户册预收电费退费业务的通知》也对预收账款结转收入做了相同规定。

6. 防控措施

（1）补全稽查主题异常筛查规则。电力营销业务应用系统中对查询"销户客户购电费余额""销户客户归档时间"的功能缺失，目前仍需系统后台进行技术抽取，应增加自定义查询功能，便于地市、县级供电公司营销稽查人员开展自主稽查、常态监控。

（2）强化"销户客户购电费余额"异常监控。电费账务专责应按月对销户客户剩余电费余额数据进行抽取、筛查，针对"销户流程归档后，超过 1 年及以上的客户"列入严控范围。

（3）优化客户销户退费关联校核流程。完善电力营销业务应用系统在销户归档环节中"客户购电费余额退费业务"关联验证和触发功能，对销户客户购电费余额未退的情形实施系统级限制与提级管控。

3.2.12　收费-现金缴存未到账

1. 基本情况

现金缴存是指针对工作人员将各类渠道收取的现金电费准确解款，并安全缴存至银行电费账户的过程。解缴银行应遵循以下规则：营业厅坐收、电力收费终端收取的现金应日清日结，最迟于下一个工作日解款存银行，如遇双休日、节假日，再顺延至下一个工作日。国网××供电公司××供电所2021年8月存在现金收费未按规定时间进行到账确认的业务风险。

2. 信息化监测及数据化研判

2021年8月，稽查人员通过电力营销业务应用系统查询可以获取所属各管理单位的现金收费到账数据（见图3-75）。

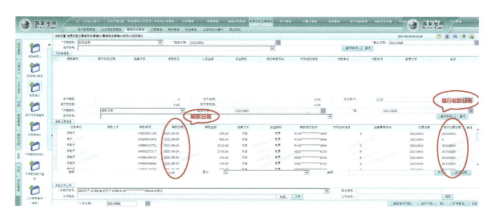

图 3-75　电力营销业务应用系统中现金到账确认

经查询，××供电公司××供电所8月现金收费未到账违规业务如下：

（1）解款编号1*********2，收费日期为2021年8月17日，解款日期为2021年8月17日，到账时间为2021年8月28日，超期10天，涉及客户7户，金额4545元的现金收缴未及时到账。

（2）解款编号1*********3，收费日期为2021年8月16日，解款日期为2021年8月17日，到账时间为2021年8月24日，超期8天，涉及客户8户，金额528.74元的现金收缴未及时到账。

（3）解款编号1*********5，收费日期为2021年8月16日，解款日期为2021年8月18日，到账时间为2021年8月24日，超期8天，涉及客户6户，金额620元的现金收缴未及时到账。

（4）解款编号1*********0，收费日期为2021年8月17日，解款日期为2021年8月17日，到账时间为2021年8月28日，超期10天，涉及客户1户，金额200元的现金收缴未及时到账。

3. 现场核实

2021 年 8 月 23 日，营销稽查人员到××供电所后经过与收费员沟通了解，知悉是由于收费员李某因父母生病请假，该所管理人员未及时安排人员交接该项工作，导致现金未及时到账。同时对××供电所未实现日清日结的现金如何保管进行了现场核实，发现该供电所保险柜故障不能正常使用（见图 3-76），故资金未在供电所保险柜内保存。电费实际已经收取，未到账期间由个人保存，涉及个人账款不清、电费资金存在风险问题。

4. 整改成效

（1）及时堵漏，保障电费资金风险。通过本次稽查，××供电公司完成 22 户逾期未做到账确认的后期工作，截至 2021 年 8 月 28 日所有现金交纳至银行，共计 5893.74 元。

（2）健全制度，实现电费收缴规范管理。完善供电所电费资金管理考核制度，将现金未及时到账问题列入 8 月供电所考核负面清单。针对存在问题，该公司营销部已在单位内部通报，对相关人员绩效进行考核。针对

图 3-76　××供电所故障保险柜

供电所现金管理，××供电公司对所辖供电所均配置了保险柜，设置现金管理专责人员，并设立该角色的 A/B 角，以此提高基层营业站所电费资金安全管理。

（3）供电营业厅（所）建立现金盘点制度，规定各所负责人每月对窗口现金监盘一次，并在盘点表上签字备查。

5. 稽查依据

《国家电网公司电费抄核收管理办法》［国网（营销/3）273　2019］第五章"电费收交管理"第五十三条：电费收取应做到日清日结，收费人员每日将现金交款单、银行进账单、当日实收电费汇总表传递至电费账务人员。

（1）每日必须进行现金盘点，做到日清日结，按日编制现金盘点表。每日收取的现金及支票应当日解缴银行，由专人负责每日解款工作并落实保安措施，确保解款安全。当日解款后收取的现金及支票应做好台账记录，统一封包存入专用保险柜，于下一工作日解缴银行。如遇双休日、节假日，则顺延至下一个工作日。

（2）供电营业厅（所）负责人每月应对窗口现金监盘一次，并在盘点表上签字备查。

（3）严格区分电费资金和个人钱款，严禁截留、挪用、侵吞、非法划转、混用电费资金，严禁工作人员利用信用卡还款周期滞留电费资金或套取现金。收费网点应安装监控和报警系统，将收费作业全过程纳入监控范围。

6. 防控措施

（1）严格按照《山西省电力公司关于电费抄核收相关业务工作指引（试行）的通知》，规范电费账务人员每日解款业务，同时建立上报制度，并对现金未到账数据进行日监控，对抽取的违规数据以县支公司为单位进行通报、整改、考核，防止再次出现电费资金解款不及时、到账不及时的问题。

（2）加强电费资金管理，通过绩效管理手段和合理的奖惩措施提高各级人员的工作质量和责任感，有效防范资金风险。针对现金保存建立保障措施：一是各营业厅必须设置保险柜，严格控制现金库存量，库存现金必须保存在单位保险箱内，同时做到日清日结。二是在现金缴存银行时，需按时限要求安排送存专用车辆，并保证至少两人同行。

（3）严格执行《国家电网公司电费抄核收管理办法》〔国网（营销/3）273－2019〕电费收交管理要求，对电费收费、账务处理、账务审核等不相容岗位分离制度。合理配置营销电费账务人员，实行 AB 岗工作制，防止再次因人员缺位、空岗等原因导致资金管理混乱现象出现。

3.2.13　收费-非关联客户电费互转

1. 基本情况

电费互转一般指依客户申请将购电费从个人（企业）户号【转出户】中转移至另一户号【转入户】，电费互转分为关联户购电费互转、非关联户（不同客户）购电费互转。一般情况下严禁无客户申请、无审批的异户互转购电费。

营销稽查筛选时，重点获取不同客户购电费互转明细，剔除了存在错交电费客户和托收用电客户后，对其余的电费互转进行稽查。在 2021 年 3 月的"不同客户电费互转"电费稽控中，发现××省××县公安局交通警察大队存在与××县××科技有限公司非关联户购电费互转的异常情况。

2. 信息化监测及数据化研判

稽查人员通过电力营销业务应用系统中"系统支撑－自定义查询－常用查询－不同客户预收互转"的查询路径可以获取各县区供电公司的不同客户购电费互转数据。

经查询，××供电公司所辖客户××省××县公安局交通警察大队与××县××科技有限公司分别在 2021 年 1 月 30 日和 2021 年 3 月 1 日发生过 2 笔电费互转（见图 3-77、图 3-78）。

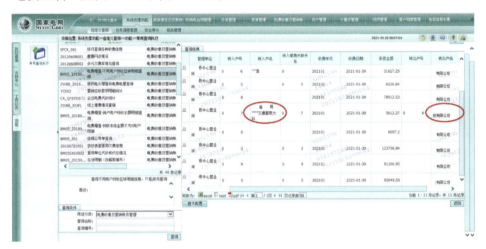

图 3-77 电力营销业务应用系统中 2021 年 1 月该客户购电费互转异常情况截图

图 3-78 电力营销业务应用系统中 2021 年 3 月该客户购电费互转异常情况截图

通过电力营销业务应用系统查证，××省××县公安局交通警察大队与

××县××科技有限公司不是关联户情况属实（见图 3 - 79）。

图 3 - 79　电力营销业务应用系统中查询关联户的截图

综上所述，判定该起电费结转为非关联户结转电费违规事项。

3. 现场核实

2021 年 9 月 3 日，营销稽查人员走访客户查证，2021 年 1 月××县财政局由于系统升级改造未完善，新旧系统无法对接，造成当月××县财政无法支付××县公安局交警大队的电费。××县公安局交警大队与××县××科技有限公司沟通后，该客户同意将购电费余额互转至××县公安局交警大队。2021 年 3 月财政系统恢复正常后，××县公安局交警大队将电费互转回××县××科技有限公司。××供电公司提供了当时的电费互转申请书。

经过查证，确认××县公安局交警大队与××县××科技有限公司存在不同户电费互转违规情况。

4. 整改成效

（1）完善互转相关手续。由于××县供电公司电费财务已经进行购电费互转，且互转流程不能撤销，只能采取事后补救规范措施。2021 年 9 月××县公安局交警大队与××县××科技有限公司双方达成一致后，将双方互转相关手续进行补充完善，包括以下内容：

1）转出方提起互转申请。

2）所属供电公司对互转事件的情况说明（见图 3 - 80）。

3）逐级审批、签字完成的电费互转审批单。

4）附双方营业执照复印件（加盖公章）、法人身份证复印件或授权委托书（应包含主体证件信息、法定代表人/经办人身份信息、互转金额等信息），

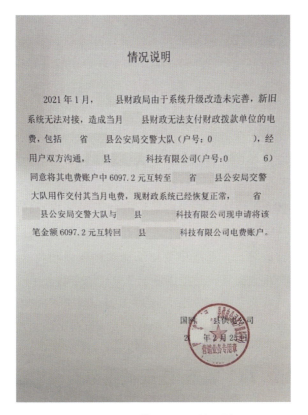

图 3-80 ××供电公司的情况说明

转入方在授权委托书（预收互转确认单）上签章。

（2）××供电公司针对频繁发生不同客户购电费互转的情况进行了梳理，结合客户实际电费剩余情况，××供电公司修订了《国网××供电公司对各供电所营销专业相关指标考核办法》，增加对电费管理的考核，加强对电费互转的管控。

5. 稽查依据

《国网山西省电力公司关于印发电费抄核收相关业务工作指引（试行）的通知》中第四项预收互转业务工作指引：

非关联户预收互转以授权委托书（预收互转确认单）为前提，转出方为非居民客户的，应包含主体证件信息、法定代表人/经办人身份信息、互转金额等信息，转入方在授权委托书（预收互转确认单）上签章。转出方为居民客户的，必须由户主本人办理，提交居民客户预收互转确认单。

非关联户预收互转以转出方客户分类为准使用对应确认单。非关联户任意一户已发起销户流程或已销户的，不得进行非关联户预收互转业务，存量部分可依据客户申请办理预收互转业务。非关联户预收互转审批为一级审批，由市公司营销部营业分管主任（或支撑单位分管主任）审批。

6. 防控措施

（1）供电公司电费专责应严格按照文件要求，针对需要互转电费的客户，及时督促客户提交完整的互转资料。进入结转流程审批后，电费账务专责要严格审核线下资料的合法性和完整性。

（2）电力营销业务应用系统中应增加电费不同客户互转的结转限制，便于地市、县供电公司能自主对该类客户进行常态化监管和逐级防控；同时针对购电费频繁互转的客户，系统中要增加警示标识，升高该客户的电费风险级别，对该类客户重点监管，防控供电企业电费资金管理风险。

（3）供电公司收费人员要与客户积极沟通，说明不同户互转的风险，争取客户的理解和支持，避免供电公司承担相应的电费风险和法律责任。

3.2.14　收费-违规减免电费违约金

1. 基本情况

电费违约金指客户在规定期限内未交清电费时，应承担电费滞纳的违约责任。规定期限为抄表例日次日 0 时起至第 5（或 10）个工作日的 24 时止（高压客户为 5 个工作日，低压客户为 10 个工作日），超过此期限的即为逾期。

2. 信息化监测及数据化研判

2021 年 9 月稽查人员通过电力营销业务应用系统后台获取各县区供电公司的电费违约金减免情况汇总数据。××县供电公司存在"电费违约金减免"的违规情况。此次减免共计 41 户，涉及金额 9816.91 元（见图 3-81）。

3. 现场核实

9 月 3 日，营销稽查人员到现场进行核查，情况如下：

（1）在进行电费违约金减免的客户中，41 户均为县财政支付电费的客户。县财政支付中心账套管理周期与供电公司电费结算及考核周期不一致，且县财政支付中心报账过程烦琐、付款周期长，导致电费款项到账时已超过缴费

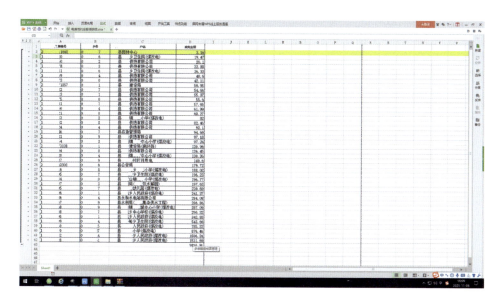

图 3-81 ××电费违约金减免明细

期限，因此系统产生违约金。

县财政支付中心无法对电费违约金进行会计处理，因而与××县供电公司协商进行电费违约金减免。

（2）××县供电公司没有履行违约金减免审批手续。

（3）在电力营销业务应用系统中进行电费违约金减免操作时，录入的减免原因填写不规范，如用"数字、字母、单汉字"等无法翻译的表述代替（见图 3-82）。

图 3-82 电力营销业务应用系统中××供电公司电费违约金减免原因截图

经过查证，确认××县 41 户客户不属于国网公司和山西省电力公司公布的电费违约金免收的八种情况，其电费违约金减免行为不符合减免规定，属于违规业务。

4. 整改成效

由于 41 户并不属于电费违约金减免的八种情况，但因该笔资金已无法追回，只能通过完善减免手续进行补救。

（1）事件发生后，××县供电公司迅速组织各供电所电费相关人员全面宣贯《国家电网有限公司电费抄核收管理办法》以及《供电营业规则》，严格按照规定执行电费违约金减免的审定，重新规范审批权限，加大考核力度，杜绝不符合条件减免违约金。

（2）完善电费违约金减免审批单，并逐级审批、签字完成（见图 3-83）。

违约金减免审批单

基本信息	市公司	国网　供电公司
	县公司	国网　县供电公司
	营业所	供电所
	户号	
	户名	县　乡人民政府（煤改电）
	减免类型	延长期限减免，延长期限至×××年××月××日
	金额	1506.24元
	原因分类	因供电公司账务人员未能及时对银行进账款项确认造成电力客户欠费产生违约金。
	详细描述	该户为财政支付用户，由于县支付中心报账繁琐，付款周期长，付款时已超过缴费期限，导致系统产生违约金，县支付中心违约金，只能采取违约金暂缓。
审批信息	市公司分管领导	
	市公司主任	
	市公司分管主任	
	县公司分管经理	×××
	县公司分管主任	×××
受理人姓名	×××	受理人工号　×××

说明：线下审批依据减免金额逐户逐级审批，0~100元（含）县公司营销部营业分管主任审批；100~1000元（含）增加县公司营销分管经理审批；1000~5000元（含）增加市公司营销部营业分管主任审批；5000~10000元（含）增加市公司营销部主任审批；10000元以上增加市公司营销分管领导审批。

图 3-83　违约金减免审批单

5. 稽查依据

（1）《国家电网有限公司电费抄核收管理办法》〔国网（营销/3）273-

2019〕第五十八条：严格按供用电合同的约定执行电费违约金制度，不得随意减免电费违约金，不得用电费违约金冲抵电费实收，违约金计收金额最高不得超过本金的 30%。由下列原因引起的电费违约金，可经审批同意后实施电费违约金免收：

1）供电营业人员抄表差错或电费计算出现错误影响电力客户按时交纳电费。

2）因非电力客户原因导致银行代扣电费出现错误或超时影响电力客户按时交纳电费。

3）因营销业务应用系统电力客户档案资料不完整或错误，影响电力客户按时交纳电费。

4）因供电公司账务人员未能及时对银行进账款项确认，造成电力客户欠费产生违约金。

5）因营销业务应用系统或网络发生故障时影响电力客户按时交纳电费。

6）因不可抗力、自然灾害等原因导致电力客户无法按时交纳电费。

7）其他因供电公司原因产生的电费违约金。

（2）《山西省电力公司关于电费抄核收相关业务工作指引（试行）的通知》第一条第三项减免分类包括以下情况，1～7 项与国网分类一致，此处不再赘述。第 8 项为省级分类，内容如下：

地方政府或法院明文（判决）要求。

6. 防控措施

（1）要严格按照国网通用制度明确分类，认真甄别是否满足减免条件。违约金减免审批要严格落实"线上＋线下"双重管控机制，坚决杜绝应收未收情况的发生。线上审批要严格执行逐级审批制度，线下审批要提供完善的违约金减免审批单（见附件 3 - 2）。

（2）要求收费人员及时关注电费到账情况，及早督促客户及时缴纳电费，从而避免产生电费违约金。如因客户缴费迟导致产生违约金，必须要求客户全部缴纳违约金，不得随意减免和暂缓收取违约金。

（3）鉴于客户与供电公司账套系统时间不一致，考核周期不匹配而产生的违约金，通过在电力营销业务应用系统中完善相应功能规范处理。

附件 3-2

违约金减免审批单

基本信息	市公司	
	县公司	
	营业所	
	户号	
	户名	
	减免类型	□延长期限减免，延长期限至××××年××月××日
	金额	×××元
	原因分类	
	详细描述	
审批信息	市公司分管领导	
	市公司主任	
	市公司分管主任	
	县公司分管经理	
	县公司分管主任	
受理人姓名		受理人工号

说明：线下审批依据减免金额逐户逐级审批，0～100元（含）县公司营销部营业分管主任审批；100～1000元（含）增加县公司营销分管经理审批；1000～5000元（含）增加市公司营销部营业分管主任审批；5000～10000元（含）增加市公司营销部主任审批；10000元以上增加市公司营销分管领导审批。

3.2.15　收费-频繁收费冲正

1. 基本情况

收费冲正是指在电力营销业务应用系统的坐收权限下，将错误收费进行系统更正的过程。每月同一电力营销业务应用系统收费账号因错收电费进行收费冲正超过 3 笔及以上的，即视为违规收费业务。

在 2021 年 9 月的电费稽查中，发现××供电公司存在"频繁收费冲正"的异常情况。

2. 信息化监测及数据化研判

2021 年 9 月，营销稽查人员通过电力营销业务应用系统中"系统支撑—自定义查询—常用查询—收费汇总信息查询"的查询路径（见图 3‑84）获取了各县区供电公司的收费冲正数据。

经过数据研判发现，××供电公司"频繁收费冲正"异常共计 8 笔，涉及金额 16866.34 元。

图 3‑84　电力营销业务应用系统中××供电公司 6 月收费冲正

3. 现场核实

2021 年 9 月 23 日，营销稽查人员到现场进行收费冲正核查，发现三类情况，归类如下：

（1）改变收费金额。2021 年 6 月 15 日××供电所对农机公司采用电力机构柜台收费的现金收费方式收取 6800 元，同日采用同种收费方式对 6800 元冲正（见图 3‑85），并采用柜台收费的现金收费方式收取 3800 元，改变了收费金额。

（2）改变收费方式。2021 年 6 月 2 日，××供电所对赵××采用电力机构柜台收费的现金收费方式收取 2200 元，同日采用同种收费方式对 2200 元冲正（见图 3‑86），并采用电力机构缴费终端（大堂）的现金收费方式收取 2200 元，改变了收费方式。

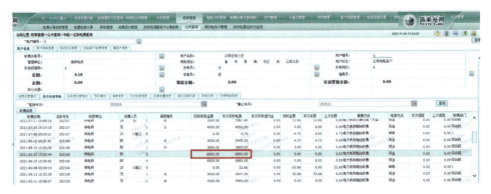

图 3-85　电力营销业务应用系统中显示改变收费金额

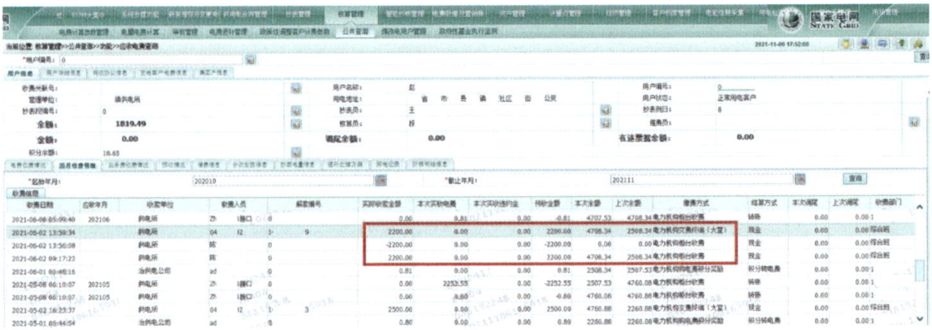

图 3-86　电力营销业务应用系统中显示改变收费方式

（3）同时改变收费金额和收费方式。2021 年 6 月 21 日××供电所对王××采用电力机构柜台收费的现金收费方式收取 666.8 元，同日采用同种收费方式对 666.8 元冲正（见图 3-87），并采用电力机构缴费终端（大堂）的转账收费方式收取 132.61、534.19 元两笔电费，改变了收费金额和收费方式。

图 3-87　电力营销业务应用系统中显示改变收费金额和方式

经核查，××供电公司存在收费冲正违规情况如下：

1）每月同一营销系统账号因错收电费冲正超过3笔及以上。

2）收费冲正后变更缴费方式，改变缴费金额。

3）没有冲正记录台账。

4）没有收费冲正审批单。

4. 整改成效

（1）严格落实逐级审批制度，规范电费收费冲正业务管理，收费冲正需提供收费冲正审批单（见附件3-3）。

（2）针对工作人员对柜台现金操作随意性、不严谨性等问题，进行收费流程的规范，严格执行现金收取以及冲正的相关台账登记制度。

（3）针对冲正后变更缴费方式，公司制定相关考核制度，发现一起、核查一起，坚决杜绝工作人员套取现金，严格将收费作业全过程纳入视频监控范围。××供电公司对违规操作事件进行了通报批评。

（4）严格制定电费收缴管理条例，明确收费员或者电费专责工作标准，保障客户电费及时缴纳。同时不可私自与客户协定不恰当的缴费方法（如先收费开票，后进行金额补足）。因违规所产生的后果，由业务员自行承担。

5. 稽查依据

《国家电网有限公司电费抄核收管理办法》［国网（营销/3）273-2019］第六十条：当日解款前发现错收电费的，可由当日原收费人员进行全额冲正处理，并记录冲正原因，作废原票据。收费冲正原则上应当日处理。对当日解款后、到账确认前发现错收电费的，按收费差错处理；已到账确认的，按退费处理。电力营销业务应用系统设置冲正和退费流程，严格履行审批手续，并上传相关资料。退费应准确、及时，避免产生纠纷。

《山西省电力公司关于电费抄核收相关业务工作指引（试行）的通知》：因坐收错收电费等引起的冲正，采取共同确认人审批，详细登记冲正日期、户号、户名、金额、再次收费金额、收费员及共同确认人，记录本自行印制留存营业网点备查。

6. 防控措施

（1）加强供电所营业环节管控。严格将收费作业全流程纳入视频监控范围，同时提高电费收费人员的业务能力，熟练操作电力营销业务应用系统，杜绝因收费人员对系统不熟悉造成收费错误。

（2）建立电费资金风险防控机制。要严格监控坐收冲正，采用双人确认方式，特别对于冲正后变更缴费方式的，要做好冲正的审批登记，坚决杜绝工作人员套取现金。

附件3-3

收费冲正审批单					
基本信息	县公司				
	营业所				
	户号				
	户名				
	冲正金额			申请日期		
	原因详述					
	受理人			受理工号		
	受理人签名			所长签名		
	用电主任签名			分管局长签名		
备注：1. 结转金额在1000元以下的由各供电所长签字，1000～5000元的由用电主任签字，5000元以上的由分管经理签字。 2. 一式两份，一份由留存受理人保管，一份交由电费班保管。					

3.3 计量采集数字化稽查应用和实操

电能计量是电力企业在进行电力生产、电力传输以及电力利用的重要环节，是电网企业获取经济效益的重要保障，并深刻的体现出电网企业与用电户之间的关系，做好电能计量采集运维工作对电网企业的发展有着重要意义。为此，需要进一步加强电网企业基层电能计量管理工作，杜绝人为电能损失、防控业务风险、堵塞工作漏洞，维护供用电双方合法权益，适应当前电力营销数字化转型的发展要求。

计量采集业务重点风险防控方向是对高库龄电能表、智能电能表可用库存、计量设备流转、拆回分拣、报废资产、电能表申校超时限、反向电量异常、失准更换、频繁换表异常、计量装置装拆不规范、电能表时钟异常、串户、错接线、失压断流、互感器档案变比异常、采集数据不准确、台区线损异常等漏洞开展常态化预警工作，减少计量采集差错，提升计量管理规范性。

以下案例选取计量采集业务工作中的典型性、普发性和重点风险稽查主题实操应用场景。

3.3.1 电流互感器变比错误

1. 基本情况

××县××镇××幼儿园，2019 年 11 月 5 日新装立户，为煤改电客户，报装容量 200kVA/1 台，10kV 供电，高供低计，电力营销业务应用系统中电流互感器变比为 300/5，倍率 60，用电类别为中小学教学用电。

2. 信息化监测及数据化研判

营销稽查人员通过电力营销业务应用系统发现，该客户 2021 年 1 月用电量为 51602kWh（见图 3-88），如果按照变压器满负荷运行且每天用电 8h 计算，该客户月用电量理论最大值为 49600kWh，实际用电量超过最大理论值，监测发现该客户存在超容运行或互感器变比异常。

通过对一体化电量与线损管理系统中数据进一步分析，发现该客户 2021

年 2 月 28 日—3 月 2 日，即春季开学阶段，日电量突增超过 4000kWh，导致线损率出现负值（见图 3-89）。

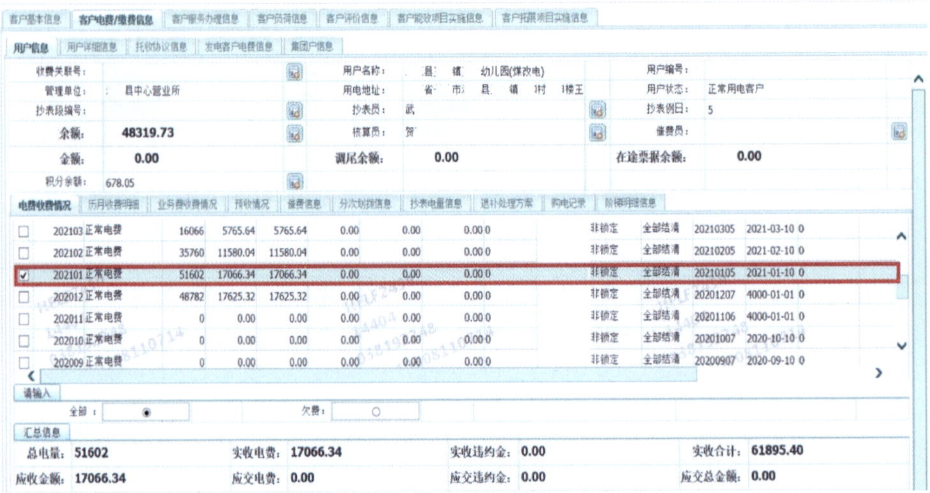

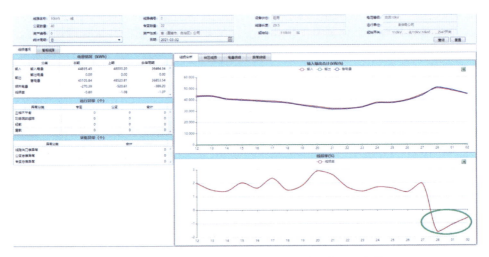

图 3-88　电力营销业务应用系统中客户 2021 年 1 月电量情况

图 3-89　一体化同期线损管理系统中线损率出现负值

结合"大电量"和"负线损"异常信息进行数据关联分析，初步研判该客户存在互感器变比错误的异常。

3. 现场核实

××供电公司营销稽查人员到达现场后，核定变压器铭牌容量为 200kVA，穿芯电流互感器铭牌的额定一次电流为 300A，现场互感器接线穿两匝。经过询问客户用电情况，并协调现场停电后，由客户对其设备进行操作，落实现场安全措施和技术措施后，营销稽查人员使用互感器现场校验仪进行测试，测定电流互感器接线为 150/5，由此确定电力营销业务应用系统档案 TA 变比录入错误。

4. 整改成效

（1）确保现场计量准确、档案信息一致。如果按变压器容量、供电电压考虑，该客户应配置 300/5 的互感器，但装表接电时考虑用电负荷不达 100kW，故将现场穿两匝接为 150/5，才造成营销系统档案与现场接线不符。在电力用户用电信息采集系统中抽取 2021 年 3 月最大的需量值为 3.2167（见图 3-90），最大负荷为 96.5kW，为准确计量，避免计量装置“大马拉小车”，故现场接线保持不变，更改电力营销业务应用系统中互感器档案信息。该客户 2021 年 4 月 2 日在电力营销业务应用系统中更换 TA，变比为 150/5。

序号	测量点编号	测量点名称	数据日期	正向有功总(kW)	正向有功尖(kW)	正向有功峰(kW)	正向有功平(kW)	正向有功谷(kW)	正向有功总发生时	正向有功尖发生时	正向有功峰发生时	正向有功
16	1	[1] 目 镇	2021-03-16	3.1647	0	3.1647	0	3.1458	2021-03-16 1		2021-03-16 1	
17	1	[1] 目 镇	2021-03-17	3.1647	0	3.1647	0	3.1458	2021-03-16 1		2021-03-16 1	
18	1	[1] 目 镇	2021-03-18	3.1647	0	3.1647	0	3.1502	2021-03-16 1		2021-03-16 1	
19	1	[1] 目 镇	2021-03-19	3.1657	0	3.1657	0	3.1502	2021-03-19 0		2021-03-19 0	
20	1	[1] 目 镇	2021-03-20	3.1657	0	3.1657	0	3.1502	2021-03-19 0		2021-03-19 0	
21	1	[1] 目 镇	2021-03-21	3.1657	0	3.1657	0	3.1502	2021-03-19 0		2021-03-19 0	
22	1	[1] 目 镇	2021-03-22	3.1657	0	3.1657	0	3.1502	2021-03-19 0		2021-03-19 0	
23	1	[1] 目 镇	2021-03-23	3.1979	0	3.1979	0	3.1502	2021-03-23 0		2021-03-23 0	
24	1	[1] 目 镇	2021-03-24	3.1979	0	3.1979	0	3.1502	2021-03-23 0		2021-03-23 0	
25	1	[1] 目 镇	2021-03-25	3.1979	0	3.1979	0	3.1502	2021-03-23 0		2021-03-23 0	
26	1	[1] 目 镇	2021-03-26	3.1979	0	3.1979	0	3.1502	2021-03-23 0		2021-03-23 0	
27	1	[1] 目 镇	2021-03-27	3.1979	0	3.1979	0	3.1502	2021-03-23 0		2021-03-23 0	
28	1	[1] 目 镇	2021-03-28	3.1979	0	3.1979	0	3.1502	2021-03-23 0		2021-03-23 0	
29	1	[1] 目 镇	2021-03-29	3.1979	0	3.1979	0	3.1536	2021-03-23 0		2021-03-23 0	
30	1	[1] 目 镇	2021-03-30	3.1979	0	3.1979	0	3.1744	2021-03-23 0		2021-03-23 0	
31	1	[1] 目 镇	2021-03-31	3.2167	0	3.2167	0	3.2098	2021-03-31 0		2021-03-31 0	

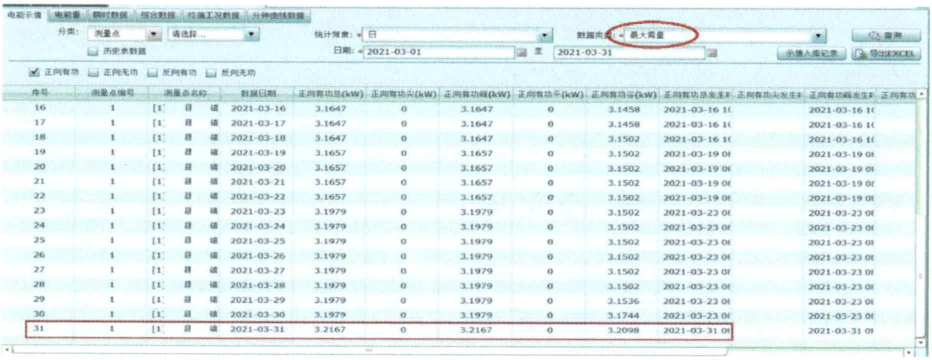

图 3-90　电力用户用电信息采集系统中 2021 年 3 月需量值

（2）退客户计量变比差错多计收电量电费。按照现行煤改电 10kV 非居民电价标准，该客户 2019 年 12 月—2021 年 4 月需退客户电费 56315.09 元（见图 3-91）。

5. 稽查依据

《供电营业规则》第八十一条第三款：计算电量的倍率或铭牌倍率与实际不符的，以实际倍率为基准，按正确与错误倍率的差值退补电量，退补时间以抄表记录为准确定。

6. 防控措施

（1）科学合理配置互感器，认真做好电能计量装置的首次检定工作，装

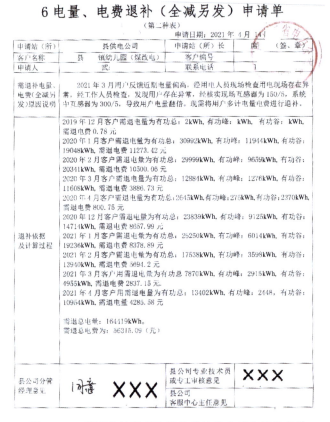

6 电量、电费退补（全减另发）申请单

（第二种表）

申请日期：2021 年 4 月 14 日

申请站（所）	县供电公司		申请站（所）长	（签、章）
客户名称	县　镇幼儿园（煤改电）		客户编号	
申请人	武		联系电话	1

需退补电量、电费（全减另发）原因说明

2021 年 3 月用户反馈近期电量偏高，经用电人员现场检查用电现场存在异常，经工作人员检查，发现用户存在异常，经核实现场互感器为 150/5，系统中互感器为 300/5，导致用户电量翻倍。现需将用户多计电量电费进行退补。

退补依据及计算过程

2019 年 12 月客户需退电量为有功总：2kWh，有功峰：kWh，有功谷：kWh，需退电费 0.78 元。

2020 年 1 月客户需退电量为有功总：30992kWh，有功峰：11944kWh，有功谷：19048kWh，需退电费 11273.42 元。

2020 年 2 月客户需退电量为有功总：29999kWh，有功峰：9659kWh，有功谷：20341kWh，需退电费 10500.06 元。

2020 年 3 月客户需退电量为有功总：12884kWh，有功峰：1276kWh，有功谷：11608kWh，需退电费 3886.73 元。

2020 年 4 月客户需退电量为有功总：2645kWh，有功峰：275kWh，有功谷：2370kWh，需退电费 800.75 元。

2020 年 12 月客户需退电量为有功总：23839kWh，有功峰：9125kWh，有功谷：14714kWh，需退电费 8657.99 元。

2021 年 1 月客户需退电量为有功总：25250kWh，有功峰：6014kWh，有功谷：19236kWh，需退电费 8378.89 元。

2021 年 2 月客户需退电量为有功总：17538kWh，有功峰：3598kWh，有功谷：13940kWh，需退电费 5694.2 元。

2021 年 3 月客户用需退电款为有功总 7870kWh，有功峰：2915kWh，有功谷：4955kWh，需退电费 2837.15 元。

2021 年 4 月客户用需退电量为有功总：13402kWh，有功峰：2448，有功谷：10954kWh，需退电量 4285.58 元。

需退总电量：164419kWh。

需退总电费为：56315.09（元）。

县公司分管经理意见	同意 ××××	县公司专业技术员或专工审核意见	××××
		县公司客服中心主任意见	

图 3-91　退客户计量变比差错多计收电量电费业务单

表接电时要核对现场所接变比是否与供电方案一致，尤其针对复变比高压互感器，要使用升流器等设备确定变比及回路的正确性。在安装过程中，工作人员要严格按照相应的作业标准进行安装操作，从而减少因安装时的错误操作而造成的故障。

（2）根据《电能计量装置技术管理规程》（DL/T 448—2016）第 8.3 条电能计量装置现场检验应遵守的规定第 K、L 款：加强运行中计量装置的管理，对高压互感器应按周期开展现场检验，对低压电流互感器应在电能表更换时进行变比、二次回路及其负荷的检查，及时发现电能计量装置中出现的问题并处理。

（3）对专用变压器客户安装二次回路巡检仪，应用电力用户用电信息采集系统进行监控，及时发现回路、变比异常，及时整改到位。

（4）对新装客户、增容客户，按照电能计量装置分类情况，在送电带负荷后要线上监控其电压、电流、需量、电量等参数是否正常，并与电力营销业务应用系统档案信息核对一致。

3.3.2 反向电量异常

1. 基本情况

××农灌，2019 年 5 月 20 日新装立户，用电类别为农业生产，报装容量100kVA/1 台，10kV 供电，高供低计，电流互感器变比 150/5。

2. 信息化检测及数据化研判

营销稽查人员通过电力用户用电信息采集系统发现，该客户自上户起反向电能示值连续走字，2020 年 3 月 18 日反向有功示数为 589.96，反向无功示数为 338.34。正向电能示值一直为初装表底码 0。同时电力营销业务应用系统 2019 年 6 月—2020 年 3 月电能表电能示值为正向，抄见电量为 0（见图 3-92）。

图 3-92 电力用户用电信息采集系统中 2020 年 3 月电能示值

据了解，该客户无发电性质，根据电力用户用电信息采集系统中该客户电能示值数据分析，可以判断电力营销业务应用系统档案与现场不符。

3. 现场核实

××供电公司营销稽查人员到达现场后，检查专用变压器计量柜、表计封印是否完好，经核查均无异常，营销稽查人员查看表计参数，表计电流显示为负电流（见图 3-93），电压正常，查看电量发现正向无电量，反向有电量，拆除封印检查表计接线发现表计进出线疑似接反。经过询问客户用电情况，客户自立户之日起都正常用电，营销稽查人员落实现场安全措施和技术措施后，使用电能表动态误差及台区线损分析仪进行测试，经测定通过显示的相量图判定该客户确为表计电流进出线接反的接线错误。

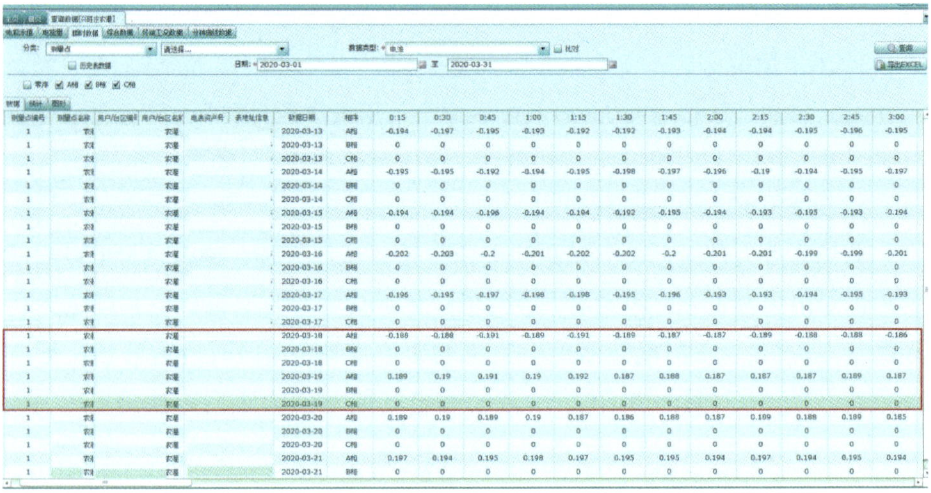

图 3-93　电力用户用电信息采集系统中 3 月电流示值

4. 整改成效

（1）现场将电能表接线改正，接入正向计量，与电力营销业务应用系统中示数类型一致，实现自动核算。

（2）2020 年 3 月 18 日表计反向有功示数为 589.96，反向无功示数为 338.34，表计倍率 30，需进行电量、电费追补（见图 3-94）。

追补有功电量 17710kWh，追补电费 9103.14 元，其中电度电费 8592.89 元，功率因数调整电费 510.25 元。

5. 稽查依据

《供电营业规则》第八十一条第一款：计费计量装置接线错误的，以其实际记录的电量为基数，按正确与错误接线的差额率退补电量，退补时间从上次校验或换装投入之日起至接线错误更正之日止。

6. 防控措施

（1）装表接电人员的技能水平是准确计量的重要因素，作为装表接电人员，必须切实掌握电能表接入要求，用电为正向计量，发电为反向计量，确保准确计量。

电量、电费退补（全减另发）申请单

（第二种表）

申请日期： 2020 年 5 月 6 日

申请站（所）	中心所	申请站（所）长	（签、章）
客户名称	农灌	客户编号	
申请人	×××	联系电话	
需退补电量、电费（全减另发）原因说明	该户在 2019 年 5 月新装送电时把线接反，导致有功电量为 0，电量计入反向有功，直到 2020 年 4 月纠正后才有正向有功抄见电量，经核实，表计反向有功示数为 589.96，反向无功为 338.34，表计倍率为 30，需进行电量电费追补。追补依据如下：抄见有功总 589.96×30=17699 度，无功总 338.34×30=10150kvar。2019.6-2020.3 期间，2019 年 6 月变损运行 16 天，2019 年 7 月至 2020 年 3 月变损运行 30×9=270 天，根据有功电量、无功电量及运行天数，计算出应计变损：有功 1384kWh，无功 11011kvar（系统已算有功变损 77+144×9=1373kWh，无功变损 1152×9+614=10982kvar）。合计需追补电量有功：17699+1384-1373=17710kWh，无功 10150+11011-10982=10179kvar，由此得出实际功率因数为 0.67，调整系数为 0.065，力调电费 7849.96×0.065=510.25 元。		
退补依据及计算过程	该户 2019 年 5 月 19 日新装，从采集系统可以看出正向有功没有电量，反向有有电量。付明细		
县公司分管经理意见	×××	县公司专业技术员或专工审核意见	×××
		县公司客服中心主任意见	×××
县公司主管经理意见			
市公司分管经理意见			
备注	1. 内容描述较多，表中填写不下时，可附件说明。 2. 本单适用于由于抄表失误、档案差错、工单差错、违约等原因对客户进行退补或全减另发。 3.		

图 3-94 追补反向电量差错少计收电量电费业务单

（2）防范此类问题，对Ⅰ、Ⅱ、Ⅲ类电能计量装置，应按《电能计量装置技术管理规程》（DL/T 448—2016）8.3 第 e 和 f，现场开展首检和周检工作，及时发现问题。

（3）新装、增容客户，按照电能计量装置分类情况，在送电带负荷后要线上监控其电压、电流、需量、电量等参数是否正常。

3.3.3 采集数据不准确

1. 基本情况

××县××镇供电所客户××，2002 年 12 月 25 日新装立户，用电类别为乡村居民生活用电，220V 供电，电价执行阶梯农村居民，月用电量平均值约为 70kWh，抄表例日为每月 6 日。

2. 信息化检测及数据化研判

2020 年 12 月 16 日，收费员发现电费异常后，营销稽查人员利用电力用户用电信息采集系统监测集抄数据情况（查询方式：电力用户用电信息采集系统－统计查询－数据查询分析－数据不准确分析－集抄数据不准确分析），发现该客户 2020 年 10 月 20 日电量过大（见图 3-95），当日有功总示数为 810149.5，日电量达到 804440.54kWh，日用电量远超月均用电量（见表 3-5）。

图 3-95　电力用户用电信息采集系统中 10 月 20 日电量过大

表 3-5　　　　客户 2020 年 10—12 月三个月示数及电量电费

月份	营销系统示数		采集系统示数（本次）	电量（kWh）	电费（元）
	上次	本次			
10	5576	5665	5665	89	42.45
11	5665	5665	810214.69	0	0
12	5665	810401	810401	804736	625132.87

随后在电力用户用电信息采集系统中，调取该客户 2020 年 10 月表计电能示值详单，发现 2020 年 10 月 20 日确实出现了示值突变（见图 3-96），由此可以推断该客户表计采集数据不准确。

研判结论：2020 年 11 月 6 日示数已经错误，由于手工修改，未计入实际电量电费。2020 年 12 月 6 日自动采集突增示数，并自动发行错误电量电费，由此断定该客户表计采集数据异常，导致核算结果错误。

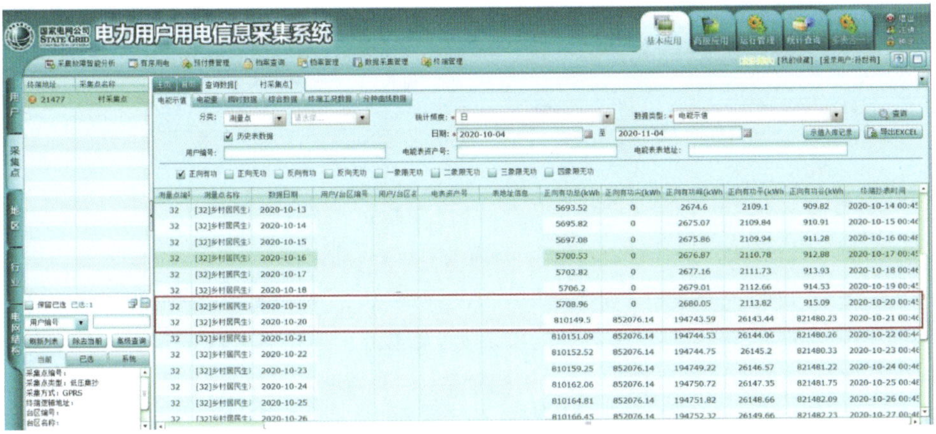

图 3-96 电力用户用电信息采集系统中表计示数突变发生时间

3. 现场核实

××供电公司营销稽查人员到达客户现场后，检查客户计量表箱、表计封印是否完好，经核查均无异常。营销稽查人员查看表计参数，表计历史示数，发现 2020 年 10 月 20 日示数确实突然增大。之后仔细检查客户用电现场，没有发现违规用电现象。

由此营销稽查人员判断该客户表计确实存在异常，2020 年 12 月电量电费与客户实际用电情况不符。

4. 整改成效

（1）2020 年 12 月 8 日更换客户计量故障表计，保证准确计量。该客户在收费时及时发现异常并处理没有形成客户投诉。

（2）2020 年 12 月 20 日根据客户历月用电情况，预估该客户 11、12 月用电量为 150kWh，退回多计收的电费 624987.39 元，计算过程如下（见图 3-97）：

一挡电费：$-35kWh \times 0.477$ 元/kWh$=-16.7$ 元；

二挡电费：$-180kWh \times 0.527$ 元/kWh$=-94.86$ 元；

三挡电费：$-804216kWh \times 0.777$ 元/kWh$=-624875.83$ 元；

合计退电费：-624987.39 元。

5. 稽查依据

《供电营业规则》第八十条第三款：其他非人为原因致使计量不准时，以客户正常月份的用电量为基准，退补电量，退补时间按抄表记录确定。

电量、电费退补（全减另发）申请单
（第二种表）

申请日期： 2020 年 12 月 20 日

申请站（所）		申请站（所）长		
客户名称		客户编号	0	3
申请人		联系电话	1	6
需退补电量、电费（全减另发）原因说明	由于采集系统异常，10月20日该户采集底码出现异常波动，底码由5708.96跳至810149.5，前后表底码均为连续底码，现场表计为04异常表计，算费时发现该户电费异常高后，台区经理对表计进行更换，故申请退补电量电费。			
退补依据及计算过程	该户算费例日为6日，算费采集底码时间为每月4日，11月算费时手工录入底码为10月6日算费底码，10月6日算费底码为自动获取底码数5665，10月19日底码为5708.96，10月20日底码为810149.5，12月4日采集底码为810407.78。 10月4日到10月19日电量为44kWh。 10月20日到12月4日电量为258kWh。 10月19日到10月20日电量取本月平均电量为3kWh。 12月6日正确算费电量为305kWh，错误算费电量为804736kWh。 需退电量=305-804736=-804431kWh。 需退电费=305×0.477-625132.87=-624987.38 元			
县公司分管经理意见	××××	县公司专业技术员或专工审核意见	××××	
		县公司客服中心主任意见	××××	
县公司主管经理意见	××××			
市公司分管经理意见	××××			
备注	1. 内容描述较多，表中填写不下时，可附件说明。 2. 本单适用于由于抄表失误、档案差错、工单差错、违约等原因对客户进行退补或全减另发。			

图 3-97　客户电量、电费退补申请单

6. 防控措施

（1）营销稽查人员要高效利用电力用户用电信息采集系统查询监测功能，及时发现示值减小、示值相同和电量过大等集抄数据异常情况。

（2）电力营销业务应用系统需要对实现智能抄核的客户当月用电量设置阈值预警，这样可以在示数复核环节由抄表员二次审核，同时结合客户实际用电情况，以减少错误的发生。

（3）抄表人员不得随意修改采集示数（抄表方式302），掩盖表计已经存在异常的事实，导致错误不能及时发现和处理。

（4）监控低压台区线损率，发现异常后必须及时锁定客户，深入现场进

一步确定导致异常的原因。

3.3.4 需量指针清零时间异常

1. 基本情况

××物流运输集团有限公司，2014 年 11 月 7 日新装立户，用电类别为大工业客户，报装容量 5680kVA，10kV 供电，高供高计，倍率为 8000，抄表例日为每月 1 日，基本电费计算方式为实际最大需量。

2. 信息化检测及数据化研判

营销稽查人员查看 2021 年 6 月"月度基本电费执行情况（需量）"报表（见图 3-98）时（报表查询路径：电力营销业务应用系统－自定义查询－常用查询执行－输入关键字"需量"），发现××物流运输集团有限公司客户运行容量为 5680kVA，但是需量指针、需量值及基本电费值均为 0；同时电力营销业务应用系统显示该客户 2021 年 6 月电费核算页面基本电费一项为空（见图 3-99）。经过电力营销业务应用系统核实，该客户无暂停业务，且有电量产生，由此可以推断该客户漏计基本电费。

市公司	县公司	所	年月	户号	户名	合同容量	运行容量	计费需量	抄见需量	抄见需量指针	综合倍率	基本电费值
					月度基本电费执行情况（需量）202106							
国网	虎电公司	国网	县中心营业所	202106	46	全国制品有限公司	3830.00	2570.00	2864.00	1704.00	0.34	5000.00	68736.00
国网	虎电公司	国网	县中心营业所	202106	46	全国制品有限公司	3830.00	2570.00	2864.00	1704.00	0.34	5000.00	68736.00
国网	虎电公司	国网	县中心营业所	202106	15	高速建材有限公司	1050.00	1050.00	1050.00	696.00	0.46	1500.00	25200.00
国网	虎电公司	国网	县中心营业所	202106	15	国能晋煤京运销有限公司	1200.00	1200.00	1200.00	402.00	0.40	1000.00	28800.00
国网	虎电公司	国网	县中心营业所	202106	15	国能晋煤京运销有限公司	1200.00	1200.00	1200.00	190.00	0.32	600.00	28800.00
国网	虎电公司	国网	县中心营业所	202106	15	安泰塑胶新厂	565.00	315.00	315.00	298.00	0.37	600.00	7560.00
国网	虎电公司	国网	县中心营业所	202106	18	水环境治理有限公司	2000.00	2000.00		894.00	0.13	8000.00	
国网	虎电公司	国网	县中心营业所	202106	3	物流运输集团有限公司	5680.00	5680.00		0.00	0.00	8000.00	
国网	虎电公司	国网	县中心营业所	202106	2	物流运输集团有限公司	315.00	315.00		0.00	0.00	400.00	
国网	虎电公司	国网	县中心营业所	202106	2	物流运输集团有限公司	315.00	315.00		0.00	0.00	400.00	
国网	虎电公司	国网	县中心营业所	202106	5	物流运输集团有限公司	315.00	315.00		0.00	0.00	400.00	

图 3-98 电力营销业务应用系统中 2021 年 6 月××县月度基本电费执行情况（需量）

通过电力用户用电信息采集系统发现该客户 2021 年 5 月 1 日－5 月 31 日需量清零时间发生于 5 月 31 日（见图 3-100），导致 6 月 1 日抄表时采集需量为"0"，而非当月实际最大需量指针示值 0.0761。

综上分析研判，该客户存在因电能表需量清零时间设置错误导致漏计基本电费的异常。

图 3-99　电力营销业务应用系统中该客户 6 月基本电费为空

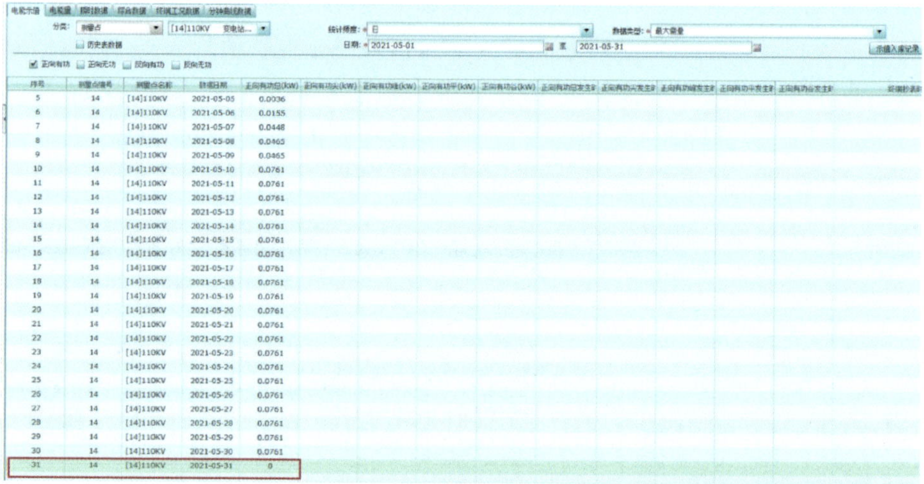

图 3-100　电力用户用电信息采集系统中 2021 年 5 月需量指针示值

3. 现场核实

2021 年 6 月 1 日，××供电公司营销稽查人员协同计量人员到达现场后，首先询问客户生产运行情况，确认该客户 5 月正常连续生产运行。随后核查确认计量铅封完好无损后，计量人员用电能表配套掌机读取需量清零时间为 31 日零点，与电力营销业务应用系统中查询分析结果一致。

4. 整改成效

（1）计量人员用电能表配套掌机现场将该客户计量表计需量清零时间设置为 1 日零点。

（2）该客户2021年5月实际最大需量值0.0761，表计倍率8000，追补基本电费及力调电费共计21851.05元（见图3-101）。其中：

基本电费：$0.0761kW×8000×36$ 元$/kW＝21916.8$ 元；

功率因数调整电费：21916.8 元$×（-0.003）＝-65.75$ 元；

合计追补电费：21916.8 元$＋（-65.75）$ 元$＝21851.05$ 元。

电量、电费退补（全减另发）申请单

		申请日期：	2021年6月7日
申请站（所）	中心营业厅	申请站（所）长	×××（签、章）
客户名称	物流运输集团有限公司	客户编号	0
申请人	工	联系电话	5
需退补电量、电费（全减另发）原因说明	该用户于2021年4月9日申请执行需量电价，由于营销业务系统原因，5月份未按最大需量值计算基本电费，造成漏计基本电费和力调电费。		
退补依据及计算过程	经用电信息采集系统查询5月1日到5月31日，最大需量为0.0043，倍率为8000，有功电量0千瓦时，有功线损0，计算应执行的需量值为0.0043×8000=34.4，应补基本电费为：34.4×36=1238.4元，力调电费1238.4×（-0.003）=-3.72元。合计电费：1238.4-3.72=1234.68元。		
管理单位专业技术员或专工审核意见	同意×××	管理单位营销主任意见	同意×××
管理单位分管经理意见	同意×××	管理单位主管经理意见	
市公司分管经理意见			
备注	1. 内容描述较多，表中填写不下时，可附件说明。 2. 本单适用于由于抄表失误、档案差错、工单差错、违约等原因对客户进行退补或全减另发。		

图3-101 该客户追补电费业务单

5. 稽查依据

国家发展和改革委员会办公厅文件《国家发展改革委办公厅关于完善两部制电价用户基本电价执行方式的通知》（发改办价格〔2016〕1583号）中第一条第二款。

国网山西省电力公司《销售电价与分布式光伏上网电价执行细则（试行）》文件，第一部分第一条第四项：大工业电价基本电费执行方式按实际最大需量计费时，按客户实际最大需量值收取，实际最大需量值为计量装置抄见月度最大需量。

6. 防控措施

（1）抄表人员在实际工作中发现清零时间与抄表例日不匹配时，应及时重新设置。

（2）电费核算人员在核算例日要重点审核按实际最大需量计收基本电费的大工业客户，结合当月用电量情况判断需量指针抄录有无异常。如有异常，按客户实际最大需量值补收基本电费。

3.3.5　电能表失压异常

1. 基本情况

××集团××焦化有限公司，2017年11月15日新装立户，目前为市场化零售客户，用电类别为大工业用电，220kV ××变电站35kV ××335线和35kV ××324线双电源供电，容量50050kVA，两套计量装置，其中一套计量表计资产编号为1＊＊＊＊＊＊＊＊＊＊2，倍率是175000，抄表例日每月25日。

2. 信息化检测及数据化研判

营销稽查人员利用电力用户用电信息采集系统监测表计电压数据时，发现该客户2021年10月18日10：15—22：45失压约12h（见图3-102）。

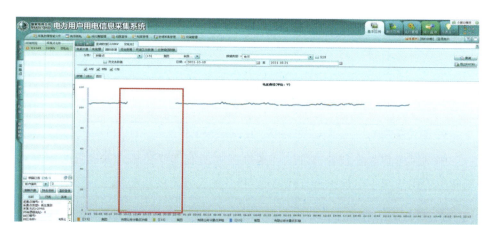

图3-102　电力用户用电信息采集系统中该客户计量表计失压时间

同时查看变电站及电厂电能信息采集系统中220kV ××变电站35kV 母线线损率时发现，2021年10月18日线损率（－5.45％）超标（见图3-103）。

图 3-103　变电站及电厂电能信息采集系统中 220kV ××变电站 35kV 母线线损率

由于客户为市场化客户，按目前电力市场现货结算规则，现货市场以实时（15min）为周期开展，每 15min 为一个交易时段，每个运行日含有 96 个交易时段，如果客户计量装置长时间失压，不仅会造成电量损失，还会影响 96 个交易时段的电能示值数据冻结。

研判结果：该客户电能表 2021 年 10 月 18 日失压 12h，造成电量损失。

3. 现场核实

2021 年 10 月 18 日，营销稽查人员在电力用户用电信息采集系统中发现该客户计量表计失压后，立即协同计量人员到达现场进行检查。首先询问客户生产运行情况，确认该客户 10 月正常连续生产；随后计量人员核查发现该三相三线电能表二次回路及端子排接线正确。用钳形电流表测得电压 $U_{a'b}=0V$、$U_{c'b}=0V$，电流 I_a、I_c 均为 0A（见图 3-104）。经进一步查看计量表计，发现接线端子松动，接触不良，同时读取表计事件记录，明确了失压起始时间为 10：15，与电力用户用电信息采集系统显示失压时间一致。

由此可以确定，该客户 10 月 18 日计量表计由于接线端子松动导致三相失压。

4. 整改成效

（1）计量人员处理现场异常，使表计的电压、电流恢复正常。

（2）根据失压时间段和计量人员提供的"电能计量装置异常、差错处理申请单"追补失压损失电量（见图 3-105）。其中：有功总电量：42000kWh（峰电量：13860kWh；谷电量：13440kWh），无功总电量：14280kvarh。

图 3-104　计量人员现场测量该客户计量表计并查看接线端子

（3）该客户计量表计失压异常发生时间早于当月核算例日（25日），失压损失电量追补生效以后，确保了该客户中长期结算电量的正确性。

5. 稽查依据

《供用电营业规则》第八十一条第二款：计量表计失压情况按规定计算方法计算值补收相应电量的电费；无法计算的，以客户正常月份用电量为基准，按正常月与故障月的差额补收相应电量的电费，补收时间按抄表记录或按失压自动记录仪记录确定。

6. 防控措施

（1）计量人员需每日监控变电站及电厂电能信息采集系统中所有变电站各电压等级母线的线损率，如发现异常数据，要尽快查找异常客户和异常计量表计。

（2）充分利用电力用户用电信息采集系统实行远程用电信息监测与采集，通过系统传回的用电参数、参数曲线和其他信息等进行分析，对监测发现的计量装置失压、失流等信息，及时核查处理，保证计量装置正常运行。

（3）根据电力营销业务应用系统中客户的月度电量电费情况，再结合客户编号、电能表资产编号、用电地址等信息，将前后电量进行对比，发现电量有突变的，应及时到现场核查原因。

电能计量装置异常、差错处理申请单

日期：2020年10月22日

客户名称	费 焦化				客户编号	0
用电地址	220KV 站				联系电话	
所属（站）所	220KV沿城站	所属线路	35KV　335		变压器容量	kVA
电能表号	1	有功示数	总	峰	谷	无功示数	总
		正向	1260.0	454.5	453.60	正向	459.67
		反向	0.00			反向	0.00
电压互感器变比	500/1	电流互感器变比	35 10.1		倍率	17500

异常简述：该用户在2021年10月19日拉闸表计三相失压，无计量。

检查人：×××　　　用户签字：×××　　　2021年10月21日

分析与结论：用户在10月19日表计三相失压，失压时间为12小时。根据丁郑补偿该户左补电量：正向有功总 3300（补电量）×12=39600kw.h 表中：峰13860kw.h 谷13440kw.h 无功：14280kvar.h

×××

处理人：×××　　　　　　　审核人：×××

2020年10月22日　　　　　　　2021年10月22日

市分管经理：＿＿＿　管理单位主管经理：××　管理单位分管经理：××　营销主任：×××

备 注：本单适用于由于计量装置故障、异常、差错等原因对客户进行退补电量、电费。

图3-105　电能计量装置异常、差错处理申请单

3.4 客户用电安全检查服务数字化稽查应用和实操

为维护正常供用电秩序和保障公共安全，以国家有关电力供应与使用的法律法规、方针、政策和电力行业标准为准则，为电力客户安全用电提供业务指导和技术服务。

《用电检查管理办法》于2016年1月1日被国家发展和改革委员会废止后，"做不做用电检查"成了困扰供电企业的一个难题。首先，《用电检查管理办法》虽然废止，但制定《用电检查管理办法》的依据《电力法》《电力供应与使用条例》依然有效。一般来说，《电力法》第三十二条规定的"对危害供电、用电安全和扰乱供电、用电秩序的，供电企业有权制止"，往往被视为赋予供电企业用电检查的法律依据。其次，从未被废止的《供用电监管办法》《供电营业规则》等规章的规定来看，供电企业也有客户用电安全检查的义务。因此，按照现行法律法规来看，供电企业还应继续进行客户用电安全检查服务。需要注意的是，2016年12月1日《云南省高级人民法院关于审理高压触电人身损害赔偿案件有关法律适用问题的意见会议纪要》的意见与上述观点是一致的。

客户用电安全检查服务重点风险防控方向是对私增容、私自启封、私自转供电、私自改变类别、私自迁移更动或擅自操作供电企业用电计量装置、私自引入或供出电源、其他电源私自并网等违约用电行为。结合当前窃电形式和特点，重点对各类窃电行为的查处，以达到堵漏增收、提质增效。

以下案例选取客户用电安全检查服务工作中的典型性、普发性和重点风险稽查主题实操应用场景。

3.4.1 客户私增容违约用电

1. 基本情况

××工贸有限公司，2020年12月24日新装立户，10kV供电，报装容量

250kVA/1 台，用电类别为一般工商业，抄表例日 9 日。主要生产用电设备有双辊炼胶机、切胶机、活性炭吸附箱、平板酰化机等，生产班次单班制，月均用电量 9.71 万 kWh。

2. 信息化监测及数据化研判

营销稽查人员通过电力营销业务应用系统和电力客户用电信息采集系统核对客户电量发现，该客户 2021 年 1—6 月期间，每月的用电负荷最大需量值分别为 391、373、348、371、353、359kW，每月需量值均超过了运行容量 250kVA（见图 3-106），最大超过变压器满负荷运行的 50% 以上，该客户 2021 年 4—6 月的月均用电量超过 10 万 kWh。如果按照单班制生产方式下变压器满负荷运行，1 个月用电量最大也不可能达到 6 万 kWh。根据相关信息进行大数据分析研判，可以确定该客户长期存在私增容违约用电行为。

图 3-106 电力营销业务应用系统中 2021 年 1 月客户需量示值（391kW）

3. 现场核实

6 月 23 日，营销稽查人员到现场进行客户用电安全检查服务，发现该客户变压器铭牌容量为 250kVA，但客户现场的各类用电设备额定功率达到 411.6kW（见图 3-107）。通过与客户负责人沟通，询问客户生产工艺流程、班次、各类用电设备运行时长等信息，确认客户在电力营销业务应用系统档案中报装的变压器容量与现场实际不符。后经营销稽查人员进行现场测容，核定实际运行变压器容量为 500kVA，该客户确实存在私增容量 250kVA 的违约用电行为，营销稽查人员向客户下达《违约用电、窃电处理通知书》，客户对采用更换变压器铭牌私自增容的违约用电行为进行确认，并签章确认。

4. 整改成效

（1）收取违约使用电费：250kVA×50 元/kVA＝12500 元。

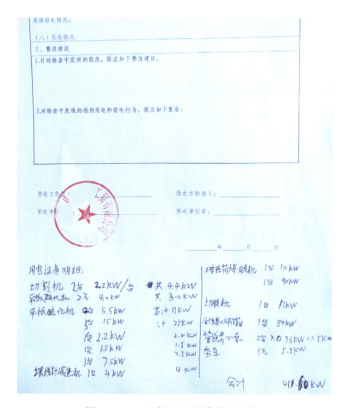

图 3-107　现场用电设备核查明细

（2）追补客户自新装立户之日（2020 年 12 月 24 日）至办结增容手续（2021 年 8 月 7 日）之日期间的基本电费合计 89600 元。其中：

2021 年 1 月：24 元/kVA×500kVA/30 天×16 天＝6400 元；

2021 年 2-7 月：24 元/kVA×500kVA×6 月＝72000 元；

2021 年 8 月：24 元/kVA×500kVA/30 天×28 天＝11200 元。

（3）退补差价电费：按照现行大工业和一般工商业电价标准，期间累计用电量 689328kWh，其中峰段 240456kWh、平段 279893kWh、谷段 168979kWh，应退峰平谷差额电费 5321.57 元，其中：

峰段电费 240456kWh×（0.7303－0.7367）元/kWh＝－1538.92 元；

平段电费 279893kWh×（0.503－0.5109）元/kWh＝－2211.15 元；

谷段电费 168979kWh×（0.2916－0.3009）元/kWh＝－1571.50 元。

（现行大工业峰平谷电价分别是 0.7303、0.503、0.2916 元/kWh；一般工商业峰平谷电价分别是 0.7367、0.5109、0.3009 元/kWh）

（4）退补功率因数调整电费：2021年1—8月需退客户功率因数调整电费14.32元。

（5）2021年8月7日为客户办理增容用电及变更用电类别手续。

5. 稽查依据

《供电营业规则》第一百条第二款：私自超过合同约定的容量用电的，除应拆除私增容设备外，其他客户应承担私增容量每千瓦（千伏安）50元的违约使用电费。

6. 防控措施

（1）提高稽查人员线上稽控业务能力。该案例中违约用电客户连续6个月超容用电异常未及时发现并核查，防控此类营销业务风险和漏洞，就是要求营销稽查人员要充分利用信息系统进行线上常态化和重点稽查，不断增强数据监控、数据分析和异常研判专业技能和水平，有效提升反窃查违力度。

（2）现场查实要做到有理有据。客户采用更换变压器铭牌以达到混淆实际用电容量的违约行为，导致分类电价执行错误，漏收基本电费。通过客户用电数据分析，加上现场用电负荷核实和变压器外形大小比较（见图3-108），最后进行变压器测容技术鉴定，真凭实据，定性准确，查处合规。同时也警示业扩报装验收环节应强化对变压器试验报告和现场变压器进行核查，必要时应进行测容试验确定，源头上做实此类业务风险防控。

（a）　　　　　　　　　　（b）

图3-108　250、500kVA变压器外观对比照片

（a）250kVA变压器；（b）500kVA变压器

（3）加大宣传力度防患于未然。目前，广大客户的法律意识较之前有很大改观，但仍然有部分客户安全用电、合规用电意识不强，因此要充分利用

电视、网络、社区街道等多渠道进行宣传，加强电力法律法规、安全用电知识、合规用电行为的宣传，维护供用电双方合法权益。

3.4.2 用电计量装置内接电阻窃电

1. 基本情况

××县××洗选煤有限公司，2011 年 12 月新装立户，10kV 供电，报装容量 1000kVA/2 台，用电类别为大工业，行业分类为煤炭采选生产，计量方式为高供高计，综合倍率 1500 倍，抄表例日每月 25 日。该客户电源接自公用线路 10kV ××873 线。

2. 信息化监测及数据化研判

2021 年 8 月，××供电公司线损管理人员发现，10kV ××873 线上半年月线损率连续超过 6% （见图 3-109），且月损失电量达到 125698kWh，随即通过一体化同期线损系统对该线路开展了线上核查。核查发现，10kV ××873 线共有 38 条支线，其中公用变压器台区 19 个，专用变压器客户 19 个。由于公用变压器台区日线损可通过电力用户用电信息采集系统实现实时监测，可初步排除。通过对 19 个专用变压器客户核查后发现，10kV ××873 线月线损率随客户××县××洗选煤有限公司月用电量变化而发生波动（见图 3-110），客户用电量大则线损高，客户用电量小则线损低。因此，初步怀疑该客户计量装置可能存在异常，具体情况需现场进一步核实。

图 3-109 同期线损系统 10kV ××873 线月线损率达到 6.64%

3. 现场核实

2021 年 8 月 17 日，××供电公司营销稽查人员到现场进行客户用电安全检查服务，与客户负责人沟通，询问客户生产工艺流程、班次、用电设备运行情况等信息。营销稽查人员对计量装置进行检查时发现，表计出厂封印松动（见图 3-111）。使用钳形电流表测量计量回路电流与电能表显示回路电流存在数据差异，可以确定该表计存在计量误差，但现场暂不能确定是否为窃电行为，故先让客户签字确认后，更换现场电能表并重新加封。

图 3-110　10kV ××873 线月线损率与××县××洗选煤有限公司月用电量对比

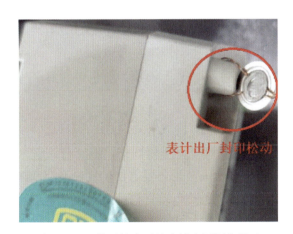

图 3-111　外观检查可见表计出厂封印松动

　　随后，在营销稽查人员和客户双方共同见证下，进行了计量检定。主要存在以下问题：

　　（1）经国网××供电公司计量中心校验后，该表计基本误差试验所测误差−21%（该表计标准误差不应超过1%）。

　　（2）随后现场打开表盖后发现，表计内部存在私自接入电阻情况。与同类型表计进行对比可明显看出，在该表计 A、C 两相电流接线处分别并联两个电阻，造成电流回路分流，影响计量装置正确计量（见图 3－112）。

图 3－112　××县××洗选煤有限公司表计内部及同类型表计对比

4. 整改成效

（1）2021 年 8 月 17 日为客户更换表计并完成换表流程，防止电量损失。

（2）追补客户窃电期间少计电费：该客户窃电时间无法查明，按照 180 天计算，执行大工业电价，180 天累计用电量 778720kWh，电费 531747.97 元，需追补电量 778720kWh／（1－21％）－778720kWh＝207002kWh，电费 141350.73 元。

（3）对客户窃电行为进行处罚，收取违约使用电费：141350.73 元×3＝424052.19 元。

5. 稽查依据

《供电营业规则》第一百零一条第四款、第一百零二条、一百零三条规定：窃电行为包括：故意使供电企业用电计量装置不准或失效；窃电者应按所窃电量补交电费，并承担补交电费三倍的违约使用电费；窃电时间无法查明时，窃电日数至少以一百八十天计算。

6. 防控措施

（1）加强政企、警企联动。窃电行为严重扰乱正常的供用电秩序，影响用电安全，危害社会公共利益，要加强与政府主管部门和公安机关的沟通协调，加强对窃电案件的行政责任和刑事责任追究力度，形成打击窃电和违约用电行为的工作合力。

（2）加强定期巡视检查和计量装置封印管理。该案例中窃电客户连续 6

个月窃电但未能及时发现并核查，防控此类营销业务风险和漏洞，就需严格执行封印管理制度，确保封印领用、使用、收回和作废环节执行到位，记录清晰，有效防范计量封印流失风险；同时，需定期开展客户现场核查，及时了解客户现场运行情况，避免发生客户用电异常长期存在、未能及时处置的现象。

（3）将同期线损系统监控异常数据纳入营销稽查体系，加强公用线路和台区线损监控，特别对高损线路、高损台区以及线损波动的线路和台区进行线上监控、异常数据分析、开展现场排查，及时查处窃电行为，防控经营风险，维护正常的供用电秩序。

3.4.3　自备电源私自并网

1. 基本情况

××集团煤业有限公司××煤矿，矿井核定产能 120 万 t/年，该矿证照齐全，属合法生产矿井，采用斜井开拓方式，工业场地内布置主斜井、副斜井、回风井计 3 个井筒。

该矿 35kV 变电站始建于 2006 年 6 月，报装容量 16050kVA，现有两回 35kV 供电线路，分别引自 110kV ××变电站 35kV 不同母线段，均为专供线路，线路导线规格为 MYJV22‑3×240 型铠装电缆，本站室外有 SZ9‑8000kVA/35 型主变压器 2 台，采用分列运行，1 台 50kVA 站用变压器。

2. 异常检测和研判

2020 年 5 月 15 日 04 时 37 分 17 秒，110kV ××变电站 1、2 号主变压器跳闸，进而导致××站 35kV 母线失电。经继电保护人员现场检查发现，××站 35kV 供电系统存在并网小电源，在××站 110kV 系统侧发生瞬时故障时，持续为供电网络提供故障电流，致使两台主变压器高压侧零序电压升高，35kVⅠ、Ⅱ段母线及所供电力客户失电。进一步对线路供出电源排查发现，××煤矿疑似存在自备电源私自并网违规行为。

3. 现场核实

2020 年 5 月 16 日，营销稽查人员协同继电保护人员到现场进行客户用电安全检查服务，根据 110kV ××变电站现场故障录波分析（见图 3‑113），该站 35kV ××煤矿Ⅰ线 411 存在并网小电源，在××变电站 110kV 系统侧发生瞬时性故障时，持续为系统提供故障电流，达到保护定值（其余各出线未检测到越定值电流，保护故障录波不启动，没有形成故障录波图），致使 110kV ××站两台主变压器高压侧零序电压升高，为尽快切除故障，保护电网系统稳定及设备安全，1、2 号主变压器"间隙过压"保护动作，跳开三侧断路器，脱离反送电源，进而导致 110kV 站 35kVⅠ、Ⅱ段母线及所供电力客户失电。

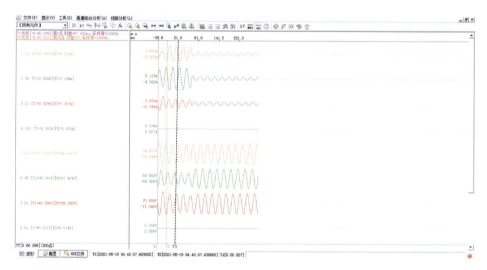

图 3-113　35kV ××煤矿 411 保护故障录波图

营销稽查人员随即前往该煤矿现场核查，发现有正在运行的瓦斯发电项目。该项目由××县××煤层气发电有限公司投资建设并运营，项目取得国家发展和改革委员会备案、环评批复、供电公司接入系统方案批复等相关手续文件，但未正式办理并网发电手续。该电站共安装 4 台低浓度瓦斯发电机组（1000GF9-W 型），装机容量为 4000kW（4×1000kW）。发电机自出线端 10kV 接至机组电气控制柜，由控制柜上环网装置后，以 10kV 高压线路并入某煤矿瓦斯泵站Ⅰ回。营销稽查人员现场向客户下达《违约用电、窃电处理通知书》，客户承认自备电源私自并网违约用电行为，并签章确认。

4. 整改成效

（1）对客户自备电源私自并网违约用电行为进行处罚，收取违约使用电费：4000kW×500 元/kW=2000000 元。

（2）对已违规并网的发电机组全部解网，设备加封（见图 3-114～图

3－116）。如继续使用，供电公司为客户办理自备电源并网手续。

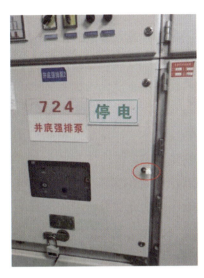

图3－114　并网变压器高压侧接线柱断开　　图3－115　并网出线侧724开关柜加封

（3）供电公司对分布式瓦斯电厂并网管理进行了规范和统一。对此类电厂并网提出以下要求：一是分布式瓦斯电厂并网前必须完善通信自动化装置，相关运行管理信息接入电网调度自动化系统，实现对电厂的"三遥"功能；二是电厂并网前，须在电厂并网点和电网公共连接点配置故障解列装置，上游电网供电线路及主变压器故障须联切电网公共连接点；三是系统站至电厂所在煤矿变电站的供电线路，宜配置光差保护。

（4）促成市能源局对区域内分布式瓦斯电厂企业的立项、并网及日常运行等做进一步要求，从政府层面出台支撑性政策，规范

图3－116　并网出线侧高压
电缆解开

煤矿企业、发电厂商、供电公司及电力管理部门的职责和相关要求。

5. 稽查依据

《供电营业规则》第一百条第六款：未经供电企业同意，擅自引入（供出）电源或将备用电源和其他电源私自并网的，除当即拆除接线外，应承担

其引入（供出）或并网电源容量每千瓦（千伏安）500 元的违约使用电费。

6. 防控措施

（1）应加强对瓦斯煤矿用电负荷和用电量波动情况的重点监控。国家能源局《煤层气（煤矿瓦斯）开发利用"十三五"规划》及《国务院办公厅关于进一步加快煤层气（煤矿瓦斯）抽采利用的意见》（国办发〔2013〕93 号）文件要求，瓦斯煤矿要加快煤层气（煤矿瓦斯）开发利用，增加清洁能源供应，减少温室气体排放。为此，满足瓦斯发电标准要求的煤矿陆续开始建设瓦斯发电项目，但由于自备电源并网存在需缴纳备用费 0.02 元/kWh，政府各项代征费 0.0414 元/kWh 的费用，煤矿企业和发电厂商签约的合同约定中，大部分未考虑此部分价差因素和利润空间，致使其不愿主动申请并网，而采取私自将自备电源并网的违约行为。

（2）应建立与政府电力管理部门关于瓦斯电厂信息共享机制。由于瓦斯煤矿自备电源私自并网点一般在其供配电系统低压侧接入，发电量引起的用电负荷和电量波动在日常系统监控中难以监控，稽查人员要主动与当地能源局建立协调沟通机制，及时掌握所辖区域内瓦斯电厂现状，规范瓦斯发电并网运行工作，消除管理盲区，确保电网安全运行、重要客户可靠供电。

（3）应加强煤矿客户自备电源合规并网的服务工作。供电公司营销服务人员应主动上门，向煤矿客户宣传电力法律法规、安全用电知识，持续开展重要客户电气联系人安全培训，提高煤矿及瓦斯发电厂合规用电、合规并网的意识，同时做好相关的并网手续办理和技术服务，维护供用电双方合法权益。

3.4.4　煤矿客户私增容

1. 基本情况

××煤业有限责任公司，2006 年 5 月 2 日新装立户，10kV 双回路专线供电，报装容量为 12435kVA。主供电源供电容量 6525kVA，备用电源供电容量 5910kVA，行业分类为烟煤和无烟煤开采洗选，月均用电量 290 万 kWh。

2. 信息化监测及数据化研判

营销稽查人员通过电力营销业务应用系统和电力用户用电信息采集系统核对客户电量发现，该客户 2021 年 2－7 月期间，主供线路 10kV 煤矿 Ⅱ 回

827线路每月的用电负荷最大需量值分别为5236、5238、5534、6148、6102、6181kW（见图3-117），均超过了主供电源容量的80%，7月最大需量达到该客户总报装容量的49.7%。通过每月需量值与容量对比分析研判，该客户私增容用电行为嫌疑很大（煤矿客户属于高危及重要客户，根据煤矿安全生产管理要求，煤矿客户应采用双回路供电，一主供一备用。根据工作经验，煤矿客户任一回路线路最大用电负荷一般不应超过总报装容量的45%）。

图3-117 电力营销业务应用系统中2021年7月客户需量值（6181kW）

3. 现场核实

2021年7月27日，营销稽查人员以安全供电服务为由进行现场检查，由于10kV煤矿用户部分井下变压器设备容量无法进行核实，但因涉及煤矿安全管理，客户提供给应急管理局备案的《矿井井下供电系统图》与客户现场实际必须一致，因此，营销稽查人员通过备案的《矿井井下供电系统图》核实客户现场实际负荷。

通过与客户工作人员仔细了解用电负荷情况，并查看《××煤业有限责任公司××井下供电系统图》［见图3-118（a）］发现，该客户变压器总容量为13435kVA，与电力营销业务应用系统中报装容量12435kVA不符，超容1000kVA。后与客户管理单位营销稽查人员进行现场变压器核实，确认该客户存在井下私增容量1000kVA变压器的违约用电行为。营销稽查人员当即向客户下达《用电检查结果通知书》[见图3-118（b）]，客户对私自增容的违约用电行为进行了签字确认。另根据客户2021年运行记录发现，1月25日客户有私增容用电设备初次接入操作记录，因此追补时间从2021年1月25日起按6个月计算。

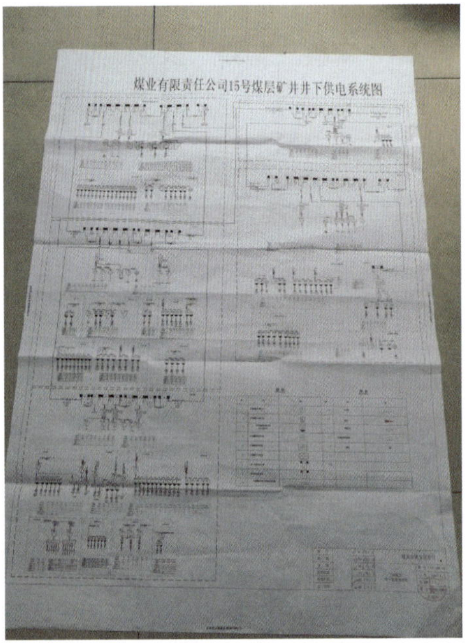

（a）

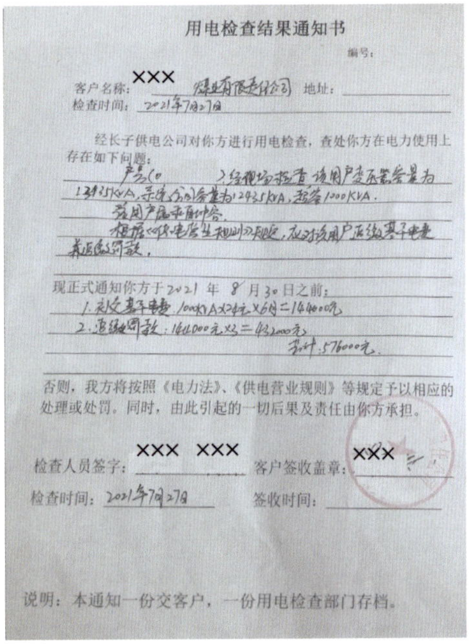

用电检查结果通知书

编号：

客户名称：XXX 煤业有限责任公司 地址：

检查时间：2021年7月27日

经长子供电公司对你方进行用电检查，查处你方在电力使用上存在如下问题：

户号（0 ）经现场检查，该用户变压器容量为13435kVA，与合同容量为12435kVA，超容1000kVA。

该用户属于私增容。

根据《供电营业规则》规定，应对该用户追缴基本电费并追缴罚款。

现正式通知你方于2021年8月30日之前：

1.补交基本电费：1000kVA×24元×6月=144000元

2.追缴罚款：144000元×3=432000元

合计：576000元

否则，我方将按照《电力法》、《供电营业规则》等规定予以相应的处理或处罚。同时，由此引起的一切后果及责任由你方承担。

检查人员签字：XXX XXX 客户签收盖章：XXX

检查时间：2021年7月27日 签收时间：

说明：本通知一份交客户，一份用电检查部门存档。

（b）

图3-118 ××煤业井下供电系统图及《用电检查结果通知书》

（a）井下供电系统图；（b）《用电检查结果通知书》

4. 整改成效

（1）追补漏计电费共计143100元。其中，补收基本电费：24元/kVA×1000kVA×6个月=144000元；需退客户功率因素调整电费900元。

（2）对客户私自增容违约用电行为进行处罚，收取违约使用电费：144000元×3=432000元。

（3）由于煤矿属于高危及重要客户，私增容用电设备现场不能拆除，已督促客户8月30日前办理增容用电手续，同步可选择基本电费计算方式，按照容量计收或需量计收。

5. 稽查依据

《供电营业规则》第一百条：私自超过合同约定的容量用电的，除应拆除私增容设备外，属于两部制电价的客户，应补交私增设备容量使用月数的基本电费，并承担三倍私增容量基本电费的违约使用电费。

6. 防控措施

（1）10kV 煤矿客户供用电情况应与当地应急管理局备案的《矿井井下供电系统图》核实一致。10kV 煤矿客户现场客户用电安全检查服务时，由于煤矿客户部分井下变压器设备容量无法进行核实，可以依据客户提供给应急局备案的《矿井井下供电系统图》核实客户现场实际负荷，同时供电公司营销服务人员对煤矿用户做到定期安全供电服务检查，及时发现异常、堵塞经营漏洞。

（2）10kV 煤矿客户基本电费计收方式应引导客户选择需量计收。煤矿部分受电变压器和高压电动机在矿井下掘进工作面，受电设备数量、容量的变化直接影响客户基本电费的漏收或错计，只有采用需量计收基本电费，才能保证电费收取准确，维护供用电双方合法权益。

（3）开展 10kV 煤矿客户专项稽查。逐户梳理 10kV 煤矿客户《供用电合同》，重点核对上次签订合同后是否有供电电源、应急电源、设备设施等关键信息变化，及时更新完善相应条款，特别是依据客户提供给应急管理局备案的《矿井井下供电系统图》，确保客户现场、《供用电合同》和电力营销业务应用系统三者在档案数据信息上的一致性。

3.4.5 私自改变用电类别

1. 基本情况

××医学院，2003 年 11 月 28 日立户，位于××省××市××区××街道××村××街。该客户为双电源供电，计量方式为高供高计，报装容量分别为 1945kVA（主供）、1445kVA（备供），供电线路：10kV ××587 线、10kV ××584 线。现场为教学楼、学生宿舍、家属楼等用电，月均用电量 30.2 万 kWh 左右。

2. 异常检测和研判

2021 年 6 月 22 日，××供电公司营销稽查人员在走访××医学院时，发现客户院内设有基建塔吊，在电力营销业务应用系统中调取该客户用电档案核查，未发现相关新增报装手续。随后对电费信息核查，发现该客户正常用电量在 30 万 kWh 左右，2021 年 4－7 月的月均用电量超过或接近 40 万

kWh，突增约10万kWh，根据现场存在塔吊的情况，初步判定该客户存在超容违约用电行为（见表3-6）。

表3-6 2021年2—9月××医学院历月电量对照表 kWh

时间	备供回路户	主供回路户	合计
2021年2月	51632	215059	266691
2021年3月	0	214699	214699
2021年4月	0	406879	406879
2021年5月	0	379069	379069
2021年6月	0	390949	390949
2021年7月	0	405109	405109
2021年8月	0	305029	305029
2021年9月	0	321859	321859

3. 现场核实

2021年6月23日，营销稽查人员到客户现场进行检查。现场发现1处基建施工工地，1台500kVA变压器为其供电，该变压器由客户院内10kV ××587线T接，未进行报装。客户承认私自新增1台500kVA变压器用于学院内部基建施工，计量为高供高计，且未丢失电量，自认为不存在违约用电行为。

营销稽查人员对客户进行了解释，指出其存在的两种违约用电行为：一是××医学院用电类别为教育用电，基建施工用电类别为非工业用电，中小学教学电价（0.477元/kWh）低于非工业电价（0.577元/kWh），未经供电公司许可改变用电类别，属于低价高接违约用电行为。二是未经供电公司许可私增变压器，属于私自增容违约用电行为（见图3-119）。

当即营销稽查人员向客户下达《用电检查结果通知书》，并经客户当场签章确认。

图3-119 ××医学院私增容现场

4. 整改成效

（1）收取客户私自改变用电类别的差价电费 36739.46 元。

（2）收取客户私增容及私自改变用电类别的违约使用电费共计 98478.92 元。其中，私增容违约使用电费：500kVA×50 元/kVA＝25000 元；擅自接用电价高的用电设备或私自改变用电类别违约使用电费：36739.46 元×2＝73478.92 元。

（3）2021 年 8 月 7 日，供电公司为其办理增容用电及分类电价核定业务手续。

5. 稽查依据

《供电营业规则》第一百条规定：在电价低的供电线路上，擅自接用电价高的用电设备或私自改变用电类别的，应按实际使用日期补交其差额电费，并承担二倍差额电费的违约使用电费。私自超过合同约定的容量用电的，除应拆除私增容设备外，其他客户应承担私增容量每千瓦（千伏安）50 元的违约使用电费。

6. 防控措施

（1）加大合规用电宣传。本案例具有典型性，目前仍有部分客户对《供电营业规则》等法律法规了解不深入，普遍认为在没有丢失电量的情况下，在自己内部私自增加变压器或者接带不同类别用电负荷不是违约用电行为。供电部门工作人员要深入客户充分宣讲《供电营业规则》，提高客户合法用电意识，维护供用电双方合法权益。

（2）紧盯用电量数据异常。电费核算、营销稽查人员应开展电量异常常态化线上数据分析，对月均用电量突增突减的客户，要加强数据监控，及时到现场进行核实。客户经理在日常客户走访中，要关注客户有无未报装而新增的各类用电设施，并及时做好后续排查。

（3）现场检查要注意证据收集。营销稽查人员现场取证，应全程佩戴工作记录仪，留存工作中影像资料，做到证据确凿、有理有据、合法合规，规避法律风险。

3.4.6　特种变压器超容用电异常

1. 基本情况

××县××耐磨材料有限公司，2020 年 7 月 6 日新装立户，合同容量

580kVA（500kVA＋80kVA），行业分类为金属日用品制造，用电类别为大工业用电，生产班次单班制，抄表例日 5 日。

2. 信息化检测及数据化研判

2020 年 11 月 5 日，营销稽查人员通过电力营销业务应用系统和电力用户用电信息采集系统核对客户电费信息时发现，该客户 2020 年 10 月最大需量达到 1003kW（见图 3 - 120）。根据相关行业生产大数据分析研判，初步判断该客户存在私自超过合同约定容量用电行为，需现场进行核实。

图 3 - 120　电力营销业务应用系统中 2020 年 10 月最大需量值

3. 现场核实

2020 年 11 月 6 日，营销稽查人员到现场进行客户用电安全检查服务，未发现私增变压器用电行为，该客户现场 2 台变压器铭牌容量与电力营销业务应用系统一致，经过变压器测容仪测容也未发现变压器有私增容现象。通过与客户负责人沟通，了解该客户容量 500kVA 变压器（型号 ZS11 - 500/10）为特种变压器，主供中频炉设备（见图 3 - 121）。进一步查询客户资料，发现中频炉启动时电流是正常运行时电流的 4～5 倍，中频炉启动过程导致变压器需量突变与电能量采集系统监测到客户需量超容时间段一致，而且该特种变压器能长时间承受 2～3 倍额定电流冲击，对电力系统安全稳定运行形成安全隐患。随即，营销稽查人员向客户下达《用电检查工作单》（见图 3 - 122），客户对违约用电行为进行签章确认。

4. 整改成效

（1）根据设备现场实际运行情况，与客户沟通协商，将客户计收基本电

（a）　　　　　　　　　　　　　　（b）

图 3-121　特种变压器铭牌与中频炉设备

（a）特种变压器铭牌；（b）中频炉设备

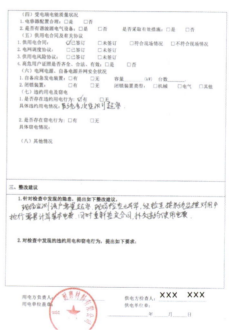

图 3-122　用电检查工作单

费方式由容量计收改为需量计收，保证供用电双方公平交易。

（2）客户自立户以来每月最大需量见表 3-7，对客户超容用电行为，每月应追补客户基本电费［（最大需量－客户容量）×24×（1＋功率因数调整系数）×0.95（防疫折扣优惠）］，合计追补电费 34179.27 元，收取违约使用电费 104157.81 元。

表 3-7　客户 2020 年 7 月 6 日－11 月 5 日期间电费及违约使用费追补计算表

日期	最大需量（kW）	客户容量（kVA）	功率因素调整系数	追补电费（元）	违约使用电费（元）
2020 年 7 月 6 日－8 月 5 日	933	580	0	8048.4	24145.2
2020 年 8 月 6 日－9 月 5 日	991	580	0	9370.8	28112.4
2020 年 9 月 6 日－10 月 5 日	912	580	0.005	7607.45	22822.35
2020 年 10 月 6 日－11 月 5 日	1003	580	0.005	9692.62	29077.86
合计	3839			34719.27	104157.81

5. 稽查依据

《电力供应与使用条例》第三十条第二款：对私自超过合同约定的容量用电的，定性为"危害供电、用电安全，扰乱正常供电、用电秩序的行为"。

《供电营业规则》第一百条第二款：私自超过合同约定的容量用电的，除应拆除私增容设备外，属于两部制电价的客户，应补交私增设备容量使用月数的基本电费，并承担三倍私增容量基本电费的违约使用电费；其他客户应承担私增容量每千瓦（千伏安）50 元的违约使用电费。如客户要求继续使用者，按新装增容办理手续。

在实际营销稽查工作中，特种变压器测容方式和超容用电行为认定，以及查处依据存在争议。本案例是依据山西省电力公司《关于对大工业用户基本电费计费方式有关问题的批复》（晋电营销〔2007〕1328 号）规定：对按容量计收基本电费的客户，若用电需量超过变压器容量，应视同私自超过合同约定容量用电的行为。在实际工作中应按照《电力供应与使用条例》《供电营业规则》上述规定处理，并积极引导这部分客户选择需量计费方式或根据可能的用电负荷增加合同约定容量。

6. 防控措施

（1）客户经理在受理客户报装用电申请时，应充分了解客户用电负荷情况，加大对特殊行业特种变压器型式试样报告审查力度，提前告知客户超容用电危害；用电前充分与客户协商，选择合理基本电费计收方式。

（2）稽查人员应加强对使用特种变压器客户的监控力度。针对特种变压器超容用电现象，要对变压器型号与生产厂家进行备案，加大对此类变压器数据监控、数据分析和异常研判，有效提升反窃查违力度。

（3）特种变压器具有短时超容运行的特点，现有测容设备无法测量，同时客户月用电量也在正常范围内，导致客户不认可超容运行。针对此类情况，建议依据《关于对大工业用户基本电费计费方式有关问题的批复》（晋电营销〔2007〕1328 号）处理，并积极引导这部分客户选择需量计费方式或根据可能的用电负荷增加合同约定容量。

3.4.7 绕越供电企业计量装置用电

1. 基本情况

客户李××，××供电公司××供电所××台区客户，低压 220V 供电，报装容量 4kW，用电类别为乡村居民。

2. 信息化检测及数据化研判

××供电公司营销稽查人员通过电力用户用电信息采集系统发现，××县××镇××台区线损时常波动。其 2021 年 9 月 25 日线损率由 8.17％递增至 12.3％，随后又增加至 27.29％（见图 3‑123）。

数据日期	供电量(KW·h)	售电量(KW·h)	损失电量(KW·h)	线损率 线损率%	营销总户数
2021-10-02	243.72	226.82	16.9	6.93	15
2021-10-01	237.23	218.84	18.39	7.75	15
2021-09-30	231.45	205.06	26.39	11.4	15
2021-09-29	270.87	196.94	73.93	27.29	15
2021-09-28	246.62	181.37	65.25	26.46	15
2021-09-27	195.88	151.66	44.22	22.58	15
2021-09-26	231.27	194.27	37	16	15
2021-09-25	221.62	194.37	27.25	12.3	15
2021-09-24	257.68	236.62	21.06	8.17	15
2021-09-23	227.03	206.94	20.09	8.85	15
2021-09-22	273.82	245.05	28.77	10.51	15

（图中标注：线损率 9月27日—9月29日出现高损）

图 3‑123　电力用户用电信息采集系统中××台区 9 月 22 日—10 月 2 日线损率

该台区由于平时外出务工人员多，大部分人员都已外出，留守人员家中用电都比较稳定。营销稽查人员通过电力用户用电信息采集系统对该台区下所有表计进行监控，同时台区负责人现场通过对分路线路电流测量，发现某分路线路电流明显过大（见图 3‑124），对该线路进行分段测量发现可疑户李××存在窃电嫌疑。

3. 现场核实

2021 年 9 月 30 日，××供电公司营销稽查人员到现场进行检查，发现居民客

电流曲线(单位：A)

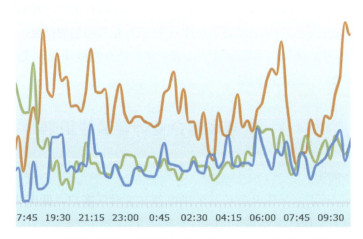

7:45　19:30　21:15　23:00　0:45　02:30　04:15　06:00　07:45　09:30

图 3－124　电力用户用电信息采集系统中 9 月 28 日 A 相电流明显大于 B、C 相

户李××通过在房顶私自绕越用电计量装置的方式实施窃电（见图 3－125）。营销稽查人员用相机记录下用户的窃电行为后，正式告知客户，客户对窃电行为进行确认。营销稽查人员随即向客户下达《用电检查结果通知书》。经了解，该客户为外出务工人员，因国庆假期临时回家，连续降雨家中卧室较冷，用电热扇加热取暖（设备容量为 2kW），私自拉线接电。

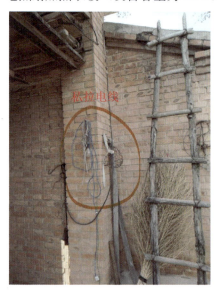

图 3－125　现场私自拉线接电

4. 整改成效

（1）追补电量电费：156kWh × 0.477 元/kWh＝74.41 元。经查实现场使用设备容量为 2kW，窃电时间为 6 天，每天用时 13h，追补电量 2kW×6×13＝156kWh。

（2）收取违约使用电费：74.41 元×3＝223.23 元。

（3）查处当日现场将其私拉乱接电线拆除。

5. 稽查依据

《供电营业规则》第一百零二条：窃电者应按所窃电量补交电费，并承担补交电费三倍的违约使用电费。

《供电营业规则》第一百零三条：在供电企业的供电设施上，擅自接线用电的，所窃电量按私接设备额定容量（千伏安视同千瓦）乘以实际使用时间计算。

6. 防控措施

（1）提高线路、台区稽查监控力度。对高损、负损等线路、台区进行24h监控。做到日考核，日通报。同时要求营销稽查人员要充分利用信息化系统进行线上常态化和重点稽查，不断增强数据监控、数据分析和异常研判专业技能和水平，有效提升反窃查违力度。

（2）加强"线上线下"一体联动。系统中发现的异常问题，稽查部门及基层站所要高度重视，现场摸排可疑线路、台区现场查看。稽查人员要将问题线路、台区放入销号单，并督促现场人员对异常问题查处到位。

（3）加大"反窃查违"宣传力度。充分利用各种宣传平台包括微信群、电视、网络、报纸等社会各类新闻媒体，加大对窃电及违约用电行为的曝光力度，宣传社会信用体系惩戒、治安管理处罚和刑事责任追究案例，增强全社会依法用电意识。完善和宣传举报奖励制度，广泛发动人民群众，形成合法用电的良好社会氛围。

3.4.8 客户私自启封暂停设备用电

1. 基本情况

××县××环保建材有限公司，用电地址为××省××市××县××镇××村，由10kV ××863公用线路T接供电，用电报装容量755kVA（630kVA＋125kVA），用电类别为大工业，高供高计，电流互感器变比为50/5。2021年2月18日该客户630kVA变压器暂停后执行一般工商业电价。该客户抄表例日为每月1日。主要生产用电设备有沙石粉碎机、过滤筛、传输机等，生产班次两班制，月均用电量2.4万kWh。

2. 信息化监测及数据化研判

2021年5月6日，营销稽查人员通过电力营销业务应用系统和电力用户用电信息采集系统核对用户电量时发现，该客户于2021年2月18日办理630kVA变压器暂停业务手续（见图3-126），但5月需量值达到了551kW

（见图 3‑127），远超过 125kVA 变压器运行负荷。根据相关信息进行大数据分析研判，该客户疑似存在私自启封暂停变压器的用电行为。

图 3‑126　2021 年 2 月 18 客户办理 630kVA 变压器暂停业务截图

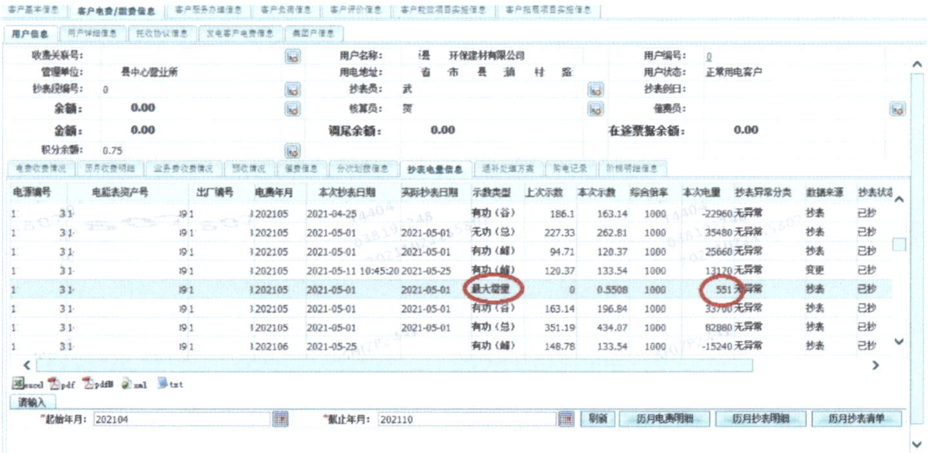

图 3‑127　2021 年 5 月 1 日采集系统中最大需量

3. 现场核实

5 月 6 日，营销稽查人员到现场进行客户用电安全检查服务，发现该客户户外 630kVA 变压器已通电运行，出线表计指示灯为红色（见图 3‑128），现场设备正在生产用电（见图 3‑129）。通过与客户负责人沟通，确认客户 3 月 5 日因生产用电私自启用该变压器（后经工作人员核查，该客户 3 月需量为

356kW），营销稽查人员向用户下达《用电检查结果通知书》，客户承认私自启封暂停变压器的违约用电行为，并签章确认。

4. 整改成效

（1）2021 年 5 月 6 日对客户私自启封 630kVA 变压器进行了停电加封，按照客户复电申请，当天为用户办理暂停变压器恢复运行手续。

（2）退补电费及违约使用电费 112159.22 元。其中：

1）追补 3 月 5 日到 5 月 6 日期间共计 63 天 125kVA 和 630kVA 变压器少计基本电费：38052 元。

图 3-128 现场 630kVA 变压器低压出线表计指示灯为红色（运行状态）

2）退 3 月 5 日到 5 月 6 日 630kVA 变压器办理暂停期间，125kVA 变压器所用电量，执行一般工商业与大工业电价差额电费 1997.28 元。

图 3-129 现场沙石粉碎机传输机生产用电

3）补收 3 月 5 日到 5 月 6 日期间共计 63 天功率因数调整电费 0.5 元。

4）收取客户私自启封违约使用电费：38052 元×2=76104 元。

5. 稽查依据

《供电营业规则》第一百条：擅自使用已在供电企业办理暂停手续的电力设备或启用供电企业封存的电力设备的，应停用违约使用的设备。属于两部制电价的用户，应补交擅自使用或启用封存设备容量和使用月数的基本电费，并承担二倍补交基本电费的违约使用电费。

6. 防控措施

（1）加强对暂停变压器客户的重点稽查。定期线上稽查有暂停业务但电量或需量异常的客户，对变压器封印异常，生产能力与电量不符的客户重点进行排查。

（2）防范追补电费时漏计基本电费。该案例中客户报停 630kVA 变压器后，125kVA 变压器执行一般工商业电价，在私自启封 630kVA 变压器后，125kVA 变压器也应计收基本电费，并退回 125kVA 变压器在私启期间计收的大工业与一般工商业差价电费和功率因数调整电费。营销稽查人员在实际工作中往往容易忽略 125kVA 变压器在私启期间基本电费的计收。

3.4.9　客户私自转供电

1. 基本情况

××市××物业管理有限公司，2020 年 9 月 4 日立户，电压等级 10kV，用电类别为城镇居民生活用电。该客户报装容量 1260kVA，执行合表居民生活电价，月均用电量 3.79 万 kWh。

2. 异常检测和研判

2021 年 4 月 18 日，营销稽查人员开展客户分类电价现场核定和规范执行专项检查工作，在××供电公司所管辖客户××家园小区发现，小区空地处私架电缆且延伸至小区围墙外（见图 3-130）。初步怀疑，该小区可能存在私自转供电情况。

3. 现场核实

营销稽查人员通知客户管理单位××供电公司营销稽查人员共同到现场进行客户用电安全检查服务，在××家园小区 10kV 配电箱出线处，发现客户私接电缆（见图 3-131），给××物业管理有限公司所辖的另一工地提供临时电源（见图 3-132），现场用电设备主要为打桩机，设备容量为 20kW。经现场核实，××家园小区与××物业管理有限公司为不同用电主体。

随即，营销稽查人员向客户下达《用电检查工作单》（见图 3-133），客户对私自转供电行为进行签章确认。

图 3-130 小区私接电缆图

图 3-131 小区 10kV 配电箱私接电缆图

图 3-132 施工工地打桩机

4. 整改成效

（1）收取××物业管理有限公司违约使用电费 10000 元（20kW×500 元/kW＝10000 元）。营销稽查人员对现场私自供出电源线路进行了拆除。

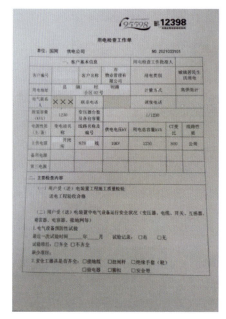

图 3 - 133 现场下达的《用电检查工作单》

（2）督促客户到供电公司进行新装用电业务办理。2021 年 5 月 10 日客户向供电公司提交用电申请，办理新装用电业务，专用于工地施工用电。

5. 稽查依据

《供电营业规则》第一百条第六款：未经供电企业同意，擅自引入（供出）电源或将备用电源和其他电源私自并网的，除当即拆除接线外，应承担其引入（供出）或并网电源容量每千瓦（千伏安）500 元的违约使用电费。

6. 防控措施

（1）开展客户临时性用电专项排查。供电企业要对所辖区域的临时性用电客户用电行为进行排查，及时发现异常，及时现场查处。对查处的转供电行为要严格按照《供电营业规则》进行查处，形成执法震慑。

（2）引导临时性用电客户到供电公司办理新装用电手续。开展转供电政策宣传，让客户知道"未经供电企业委托擅自转供电不合法"，使广大用电客户做到知法、懂法、守法，自觉遵守正常的供用电秩序。

3.4.10 超过计划分配的用电指标用电

1. 基本情况

××钢铁集团有限公司，户号（0＊＊＊＊＊＊＊＊1，0＊＊＊＊＊＊＊＊2，0＊＊＊＊＊＊＊＊7），用电类别为大工业，用电地址：××市××县××乡××村。该客户有两个110kV变电站和1个35kV变电站，其中110kV变电站的运行容量分别为126000kVA和16000kVA，35kV变电站运行容量68100kVA。月平均负荷11.32万kW，最高负荷14.36万kW。

2. 信息化监测及数据化研判

2021年10月由于煤电供应紧张，引发对"两高"行业用电限制。按照××市委市政府的部署，为保障全市电力平稳运行和电力稳定供应，避免拉闸限电，××地区于2021年10月7日开始，在晚高峰（17—20时）期间按照高耗能、水泥、钢铁、化工进行有序用电。

按照××省电力公司统一调度安排，从10月7日—10月22日，××市共执行有序用电14次，××钢铁集团有限公司共参与执行12次。通过××供电公司调控中心技术支持系统（OPEN‐3000）监测发现，该客户10月15、16、17、18、19、22日共6次未按照下达的最大可用负荷8万kW的有序用电指令执行，在晚高峰期间负荷达12万kW（见图3‐134），造成××电

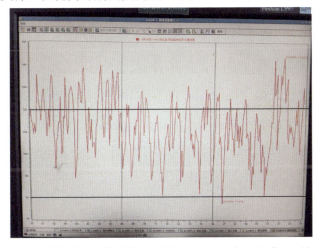

图3‐134 调度技术支持系统（OPEN‐3000）中2021年10月20日

17：00—20：00客户负荷超过8万kW截图

网总负荷超过调度中心下达的最大负荷指标，对全市有序用电工作造成严重影响，对××电网安全稳定运行带来极大隐患。

3. 现场核实

2021年10月23日，××供电公司营销稽查人员到现场开展客户用电安全检查服务，从客户运行日志中调取10月15、16、17、18、19、22日有序用电时段客户用电最大负荷，信息显示客户负荷均超过政府下达的最大可用负荷8万kW的有序用电指令，属于超出计划用电违约行为，营销稽查人员向客户下达《用电检查结果通知书》，客户承认违约用电行为属实，并签章确认。

4. 整改成效

（1）开展客户现场用电服务，对客户负荷特性、生产经营方式进行摸排，测算保安负荷及可压限负荷容量，确保企业可压限负荷容量精准可靠。公司主要负责人带队，对《××市人民政府办公室关于启动全市有序用电Ⅵ级响应的通知》进行宣贯，获得客户理解认可（见图3-135）。

图3-135 开展客户现场服务

（2）向客户下发《××钢铁集团有限公司要切实按照规定执行有序用电的督办函》，督促客户必须严格执行有序用电指令，合理调整生产方式，确保执行到位。提醒客户若再次出现拒不执行有序用电指令情况，在报请市政府同意后，将采取拉限电措施，并收取高峰超用电力每次每千瓦1元和超用电量与现行电价电费五倍的违约使用电费。

5. 稽查依据

《供电营业规则》第一百条：擅自超过计划分配的用电指标的，应承担高峰超用电力每次每千瓦 1 元和超用电量与现行电价电费五倍的违约使用电费。

2021 年 10 月 7 日××市人民政府办公室下发的《××市人民政府办公室关于启动全市有序用电Ⅵ级响应的通知》中明确指出：按照有序用电方案中可中断客户企业名单，重点压减钢铁、水泥等高耗能和高污染企业（××钢铁集团有限公司属于此范畴），列入《2021 年××电网有序用电及超计划、事故拉闸限电方案》的其他企业也要同步做好有序用电准备工作。

6. 防控措施

（1）坚持政府主导。有序用电是特殊情况下政府采取的特殊政策，供电公司要刚性执行。对拒不配合执行有序用电的客户，供电公司要及时上报政府主管部门，促请政府下达强制措施，并做好留痕管理，以备政府部门监督检查。严禁未经政府同意，自行采取拉闸限电等措施。

（2）做好宣传服务。有序用电开展期间，要密切关注"两高"企业生产经营动态，紧密配合政府积极主动宣传国家政策，加强与客户沟通解释工作，做好供电服务舆情及风险防控，提升供电服务水平及有序用电执行效率。

（3）加强在线监测。有序用电执行期间，调控、客户经理、营销稽查人员要充分利用有序用电管理模块、用电信息采集系统数据，实时在线监控客户侧负荷执行情况，对执行不到位的用户要及时告知，并督导用户执行。

3.5 客户服务数字化稽查应用和实操

做好电力客户服务工作，既是电网企业和用电客户的需要，也是全社会的需要。进入社会主义新时代，电网企业必须高度重视和广泛了解客户用电需求的特点与作用，践行以客户为中心的服务理念，为经济社会和人民生活提供优质供用电服务，树立良好的企业形象，推动企业可持续、健康、快速发展。

电力客户服务重点风险防控方向是对违反"十项承诺""十个不准""一证受理"及办电"四免"落实不到位、"首问负责制""一次性告知"落实不到位、阻塞客户投诉举报渠道、擅自变更或泄露客户信息、延伸有偿服务不规范、负面事件化解不作为、投诉举报处理不恰当、新闻舆论应对不及时等方面开展常态化预警，降低客户投诉风险，提升服务水平。

以下案例选取 95598 客户服务及日常供用电服务工作中的典型性、普发性和重点风险稽查主题实操应用场景。

3.5.1 客户合理诉求处置不恰当

1. 基本情况

2021 年 3 月 31 日，客户通过 95598 服务申请工单反映，对户号为 0＊＊＊＊＊342 的电费执行合表电价不认可，认为自己应该按照峰谷电量计算电费，并且峰谷电量与总电量不一致。

2. 信息化监测及数据化研判

经营销稽查人员通过电力营销业务应用系统查询，该客户 2020 年 3 月 17 日立户，户名：周××电采暖，2020 年 11 月－2021 年 3 月采暖期间执行合表电价 0.487 元/kWh，期间于 2020 年 11 月 5 日、2021 年 1 月 13 日完成两次改类流程，2020 年 11 月 15 日、2021 年 3 月 19 日完成两次电采暖认定流程（见图 3－136），客户扩展属性为"煤改电"（见图 3－137），初步认定该客户为煤改电用户。

图 3-136 电力营销业务应用系统中煤改电认定流程

图 3-137 电力营销业务应用系统中"煤改电"标签

通过客户档案功能模块对户名为"周××"进行模糊查询，结果显示户名：周××，户号：0******179，乡村居民生活用电（见图 3-138），与周××电采暖用电地址基本一致，研判为周××居民生活用电，该客户煤改电为分表计量，可以确定周××电采暖执行合表电价错误。

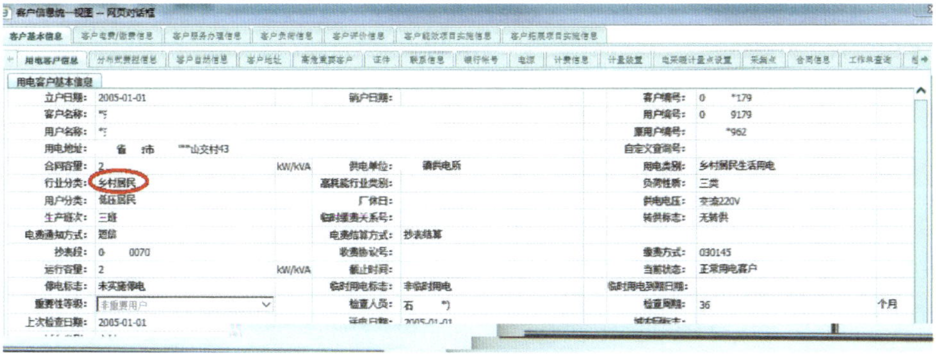

图 3-138 电力营销业务应用系统中周××居民生活用电户信息

3. 现场核实

2021 年 3 月 31 日，××供电公司营销稽查人员现场核实，自客户 2020 年 3 月申请用电时执行合表电价，2021 年 1 月申请执行分时电价，工作人员为其变更为合表分时电价。但因后台数据出错，导致分时电价执行未按时执行。后于 4 月发现该异常，并为其退 2021 年 2—3 月合表分时电价与合表电价差额电费 372.42 元（见图 3-139）。

图 3-139 电力营销业务应用系统中电费退补记录

经过最终核定得出，该客户为 2020 年××市政府"以电代煤"改造任务范围内客户，确定为煤改电客户。在向该客户讲解××市发展和改革委员会转发《山西省发展和改革委员会关于 2019—2021 年"煤改电"用电价格及有关事项的通知》（晋发改价管发〔2019〕330 号）文件（见图 3-140）电价执行标准后，客户最终自主选择用电量计价方式。

图 3-140 晋发改价管发〔2019〕330 号文件

同时，按照上述文件要求，煤改电电价执行期应在 2020 年 11 月 1 日—2021 年 3 月 31 日。由此得出该客户 2020 年 11 月 1 日—2021 年 3 月 31 日期间电价执行错误，且 2021 年 2—3 月已完成电费退费操作错误。

4. 整改成效

（1）2021 年 3 月 31 日该客户被认定为抄表到户的居民家庭煤改电客户，并由客户自主选择用电量计价方式。

（2）退补差额电费：该客户表计仅在采暖季使用，自立户以来至 2021 年 3 月 31 日采暖季截止电力营销业务系统抄表电量（见图 3-141），均应执行用电量计价方式煤改电电价。

图 3-141 电力营销业务应用系统中 2021 年 3 月 31 日特抄示数记录

1）应退用户合表电价执行期间电费：$-8818 kWh \times 0.487$ 元/kWh $= -4294.37$ 元。

2）应补 2021 年 2—3 月错误退费电费合计 372.42 元。

用电量计价方式电费：

$8818 kWh < 13000 kWh$（$2600 kWh \times 5$ 个月）；

应收电费 $8818 kWh \times 0.2862$ 元/kWh $= 2523.71$ 元；

合计应退电费为 $-4294.37 + 372.42 + 2523.71 = -1398.24$ 元。

5. 稽查依据

《山西省发展和改革委员会关于 2019—2021 年"煤改电"用电价格及有关事项的通知》（晋发改价管发〔2019〕330 号）第一条第一款，采暖用电实行单表计量、单独计价的"煤改电"居民家庭，客户可结合家庭采暖用电实际，向所在地供电部门提出申请，在三种计价方式中，自主选择最经济的计费方式。

第三条规定，2019－2021 年采暖季（2019 年 11 月－2020 年 3 月 31 日、2020 年 11 月 1 日－2021 年 3 月 31 日）执行。

6. 防控措施

（1）提高营销人员业务能力。加强营销业务人员电采暖与煤改电两种电价执行差异鉴别能力，确保电价执行正确。同时，充分利用现场、电视、网络、社区街道等多渠道加强宣讲力度，让客户充分了解电价政策后自主选择计费方式，既让更多的客户参与到"蓝天保卫战"，又让客户真正享受到政府给予电价补贴"实惠"。

（2）提升营销人员服务意识。加强一线营销员工服务跟踪意识，为客户解决问题的同时做好后续回访工作，充分了解客户诉求，避免因信息不对称引发服务升级事件。

3.5.2　违反国家电网公司员工"十个不准"

1. 基本情况

2021 年 4 月 14 日客户诉求为红线问题，户号为 0＊＊＊＊＊＊＊＊＊7 的客户反映：家中长期无人居住，供电所工作人员骈××在给自己家接表下线路时，索要 200 元的人工费，并且要求请客吃饭，期间自己还给过两盒烟，存在自立收费项目的情况。

2. 信息化监测及数据化研判

营销稽查人员通过电力营销业务应用系统查询，户号为 0＊＊＊＊＊＊＊＊＊7，户名宋××，用电类别为居民生活用电，2017 年 7 月－2021 年 4 月连续近 4 年零电量（见图 3－142）。通过系统对户名"宋××"进行模糊查询，××供电公司无另外用电记录。初步判断客户长年不在家未用电。

3. 现场核实

经现场核实，2021 年 4 月 10 日宋××从外地回到家中发现无电，家里电表表下线断裂。宋××找到××供电公司××供电所工作人员骈××和魏××说明情况。两人听取客户说明后，告知客户进户线（表下线），不在供电公司维护范围，应由客户自行处理，或是找有资质的电工协助处理。

客户当即委托骈××和魏××协助处理（无书面委托书），两人告知客户

图 3-142 电力营销业务应用系统中该客户用电记录

需要购买 30m 线材、开关等材料共计 200 元。客户支付 200 元材料费用，并赠予两盒烟，另表示接通电后再请工作人员吃饭感谢。

4 月 11 日，骈××和魏××为客户购买了安装材料，合计 191 元（得到用户证实），但截至 4 月 14 日未协助客户接通表下线，导致客户拨打 95598 电话进行投诉。

4. 整改成效

（1）依据《国家电网公司供电服务奖惩规定》，××供电公司对××供电所工作人员骈××和魏××，进行通报批评和绩效考核，退还客户购买材料余款现金 9 元及 2 盒烟。

（2）依据《国家电网公司供电服务规范》，于 2021 年 4 月 15 日为客户接通进户线（表下线）恢复送电（见图 3-143），取得客户谅解。

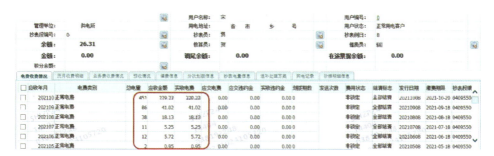

图 3-143 电力营销业务应用系统中该客户恢复用电记录

5. 稽查依据

（1）《国家电网公司员工服务"十个不准"》第七条：不准接受客户礼品、礼金、有价证券。

（2）《国家电网公司供电服务规范》第四条第二款：真心实意为客户着

想，尽量满足客户的合理要求。对客户的咨询、投诉等不推诿，不拒绝，不搪塞，及时、耐心、准确地给予解答。

6. 防控措施

（1）为客户提供不属于供电公司维护范畴的服务时，必须得到客户授权，并有书面委托书，涉及代购材料等需要资金的，要在委托书中注明金额，留有收据，避免纠纷。

（2）接收客户委托，要及时完成任务，避免因时间过长引起客户不满，导致投诉。因特殊原因不能完成的，要及时与客户沟通解释，取得谅解。

（3）严格执行《国家电网公司员工服务"十个不准"》有关规定。

3.5.3　延时送电遭投诉

1. 基本情况

2020 年 4 月 22 日 20 时 20 分，××市××县××村客户反映，该地点 4 月 22 日 8 时到 20 时计划停电，但延迟送电，存在未按停电计划停送电的情况。

2. 信息化监测及数据化研判

客户反映地址由 110kV ××变电站 10kV ××843 线路××台区供电，营销稽查人员通过客户服务支撑系统查询，4 月 22 日因 10kV 8431 隔离开关线路侧拆除 T 接的 10kV ××842 间隔电缆头计划停电，停电时间 4 月 22 日 8：00—18：00，停电信息编号：2020 * * * * * * * * * * * * *（见图 3-144）。4 月 22 日送电时间 3 次变更，最终于 21：30 全线送电。

3. 现场核实

经核实，2021 年 4 月 22 日客户收到短信，通知所在区域计划停电，预计送电时间为 18：00。4 月 22 日当天由于工作未按计划完成，95598 人员 3 次将公告延时，并分别于 17：36、20：02、21：06 短信通知客户，最终于 21：30 全线送电（见图 3-145）。存在未按原停电计划时间送电，变更送电时间 3 次的情况。

4. 整改成效

依据员工奖惩规定，对变电运维室、变电检修室相关人员进行通报批评，组织学习《国家电网公司 95598 客户服务业务管理办法》。

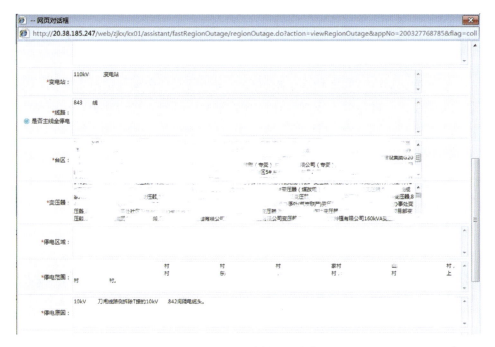

图 3-144　客户服务支撑系统中停电记录

图 3-145　客户服务支撑系统中停电公告变更记录

5. 稽查依据

《国家电网公司 95598 客户服务业务管理办法》停送电管理规定：因供电企业责任导致停电计划变更未按相关规定向客户公告，停电执行日当天提前停电或延迟送电偏差较大并未按《停送电信息管理报送规范》在系统中报送的情况，应定义为投诉。

6. 防控措施

（1）计划停电时间要留有裕度。制定停电计划时，要开展特巡，组织所有工作点负责人共同参与，充分考虑各种可能突发情况，以及现场工作人员承载力，保证停电时间留有裕度。

（2）现场工作要精准有序开展。按照"停电就开工、完工就送电、作业过程安全高效"的思路，从停送电操作、作业过程等环节，合理分组、分工、卡时间，压降无效停电时长。

（3）变更送电时间要精准。根据现场实际情况，合理预估送电时间，尽量只变更 1 次，避免多次变更给客户造成停送电时间随意的印象，从而引发投诉。

3.5.4　表计更换退电费受推诿

1. 基本情况

2020 年 12 月 30 日，户号为 0＊＊＊＊＊＊＊＊7 的××县客户反映：近期在未提前通知客户的情况下为其更换表计，并将旧户无故销户。咨询供电营业厅窗口的工作人员，告知旧户余额电费无法转入新户，导致新户欠费。

2. 信息化监测及数据化研判

营销稽查人员通过电力营销业务应用系统查询，户号为 0＊＊＊＊＊＊7，户名牛××，用电类别为居民生活用电，2020 年 11 月 25 日系统发起电采暖认定流程，计量点设置未分表煤改电用电。2020 年 12 月 03 日销户（见图 3‑146～图 3‑148），2021 年 1 月 4 日转出 173.85 元（见图 3‑149）。

图 3‑146　电力营销业务应用系统中该客户销户记录

3. 现场核实

经现场核实，该客户为 2020 年××县工信局确定的确村确户煤改电客户（见图 3‑150），需进行户表改造，该客户旧表（户号 0＊＊＊＊＊＊7）所在台区表计模块已停止招标，与现有新型表计模块不符，若直接安装现有新型表计，会造成采集不到数据。

图 3-147　电力营销业务应用系统中该客户煤改电认定流程记录

图 3-148　电力营销业务应用系统中该客户煤改电标签记录

图 3-149　电力营销业务应用系统中该客户退费记录

因客户牛××本人不在当地，由其家人代处理，经与客户申××协商，同意将申××户表（户号：0＊＊＊＊＊＊5）转移至牛××名下使用（申××所在××县××台区整村搬迁，申××申请销户），11 月 25—26 日完成更名、迁址流程（见图 3－151）。牛××旧表（户号：0＊＊＊＊＊＊＊＊7）拆除，账户余额 173.85 元，未进行及时处理。

县 镇 村2020年度“以电代煤”二期改造确村确户确型信息汇总表

（2020）年度

填报单位（盖章）： 镇 村

序号	户主姓名	身份证号	移动联系方式	改造方式	改造面积（㎡）	选用设备	功率	实施单位	实施单位联系人电话	农户签字	备注
1	牛	1 X	1 2	以煤代电	18	空气能热风机	2P（3500W）	科技有限公司	1 6		
2	牛	1 5	1 3	以煤代电	22	空气能热风机	2P（3500W）	科技有限公司	1 6		
3	牛	1 8		以煤代电	18	空气能热风机	2P（3500W）	科技有限公司	1 6		
4	曹	1 2	1 9	以煤代电	20	空气能热风机	2P（3500W）	科技有限公司	1 6		
5	曹	1 1	1 9	以煤代电	20	空气能热风机	2P（3500W）	科技有限公司	1 6		
6	秦	1 2	1 3	以煤代电	20	空气能热风机	2P（3500W）	科技有限公司	1 6		
7	陈	1 1	1 7	以煤代电	20	空气能热风机	2P（3500W）	科技有限公司	1 6		
8	牛	1 0		以煤代电	20	空气能热风机	2P（3500W）	科技有限公司	1 6		
9	牛	1 7	1 7	以煤代电	20	空气能热风机	2P（3500W）	科技有限公司	1 6		

图 3－150 ××县工信局“以电代煤”名单

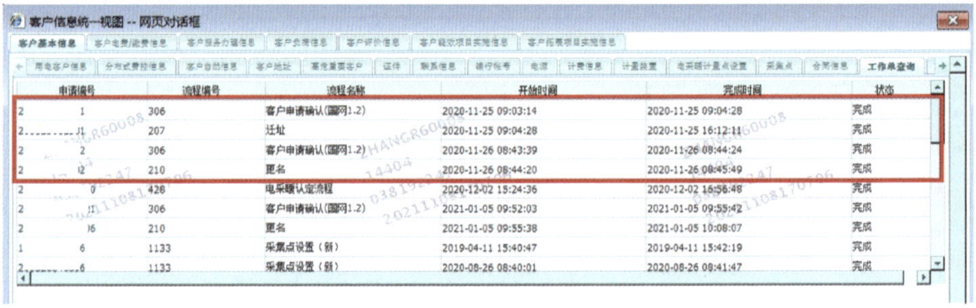

申请编号	流程编号	流程名称	开始时间	完成时间	状态
2 1	306	客户申请确认(国网1.2)	2020-11-25 09:03:14	2020-11-25 09:04:28	完成
2 11	207	迁址	2020-11-25 09:04:28	2020-11-25 16:12:11	完成
2 2	306	客户申请确认(国网1.2)	2020-11-26 08:43:39	2020-11-26 08:44:24	完成
2 12	210	更名	2020-11-26 08:44:20	2020-11-26 08:45:49	完成
2 0	428	电采暖认定流程	2020-12-02 15:24:36	2020-12-02 16:56:48	完成
2 11	306	客户申请确认(国网1.2)	2021-01-05 09:52:03	2021-01-05 09:55:42	完成
2 06	210	更名	2021-01-05 09:55:38	2021-01-05 10:08:07	完成
1 6	1133	采集点设置（新）	2019-04-11 15:40:47	2019-04-11 15:42:19	完成
2 6	1133	采集点设置（新）	2020-08-26 08:40:01	2020-08-26 08:41:47	完成

图 3－151 电力营销业务应用系统中更名迁址记录

12 月 25 日，牛××收到欠费通知（欠费 8 元），通过网上国网查询原户号 0＊＊＊＊＊＊＊＊7 下预存电费为 173.85 元，对仍需缴费的原因不解，后为户号 0＊＊＊＊＊＊＊＊5 缴费 10 元。随后，牛××询问家人了解到更换表计情况，到××镇供电所营业厅办理新旧账户电费互转业务，供电所窗口工作人员刘××未解释清楚，未能及时办理，引发 95598 投诉。

投诉发生后，工作人员于 2021 年 1 月 4 日 19：15 将原户号 0＊＊＊＊＊＊＊＊7 下预存电费 173.85 元，互转至 0＊＊＊＊＊＊＊＊5 新户中，客户牛××表示认可（见图 3－152）。

4. 整改成效

（1）依据员工奖惩规定，国网××县供电公司对××供电所网格经理张××、供电所窗口工作人员刘××进行通报批评和绩效考核。

图 3-152 电力营销业务应用系统中电费互转记录

（2）依据《国家电网公司供电服务规范》，于 2021 年 1 月 4 日将客户旧户电费余额互转至新户中，取得客户谅解。

5. 稽查依据

《国家电网公司供电服务规范》第二十一条：供电企业在新装、换装及现场校验后应对电能计量装置加封，并请客户在工作凭证上签章。如居民客户不在家，应以其他方式通知其电能表底数。拆回的电能计量装置应在表库至少存放 1 个月，以便客户提出异议时进行复核。

6. 防控措施

（1）为客户办理业务时，客户应在场并在工作凭证上签章。如遇客户委托他人办理时，应在办理结束后与客户本人电话说明办理情况，请委托人现场验收签章。

（2）为客户变更计量装置及电费余额变动时，要与客户本人充分沟通解释，及时将客户电费余额划转，避免因电费未及时到账，引发投诉风险。

（3）严格执行网格经理责任制，网格经理要熟悉辖区客户，对发生的业务纠纷、服务隐患，要及时解释沟通，做好投诉风险源头管控。

3.5.5 一次性告知落实不到位

1. 基本情况

2020 年 11 月 4 日，客户张××投诉××供电所办理低压非居民新装业务时，工作人员存在未一次性告知造成客户重复往返的问题（见图 3－153）。

客户反映 4 次办理情况如下：第一次到营业厅咨询时，工作人员告知携带营业执照和身份证即可办理；第二次前往该营业厅办理（已携带以上证件），工作人员告知还需房屋产权证明；第三次前往营业厅办理，客户咨询没有房产证如何办理，工作人员告知村委开具证明也可办理；第四次到该营业厅办理（已携带村委证明），工作人员告知还需提供用电设备清单。客户不满引发投诉。

受理信息 | 客户联系信息 | 服务请求信息 | 关联工单

工单编号：	2	所属区县：		供电单位：	国网 供电公司
国网工单编号：	2 :4				
组号：	2	关联工单：		关联类型：	
受理人员：	0	受理部门：		受理时间：	2020-11-04 14:29:50
业务类型：	投诉	投诉等级：	一般	重要等级原因：	
紧急程度：	一般	紧急原因：			
回访标志：		回访电话：		回访时限：	
是否越级：	否	越级原因：		客户情绪：	一般
责任分类：	用户责任	加急时间：			
受理内容：	【营业厅人员服务规范】客户诉求为红线问题，客户反映11月1日时，[到 供电所（地址为 县 乡 村， 派出所上面）办理低压非居民三相新装业务时]，工作人员存在[未一次性告知造成客户重复往返]的问题，具体情况为：客户11月1日前往该营业厅咨询办理低压非居民新装需携带什么材料，工作人员告知客户携带营业执照和身份证即可办理，未告知客户需携带房屋产权证明，客户随后携带身份证户口本和营业执照再次前往该营业厅办理低压非居民新装业务，工作人员告知客户还需土地证，11月2日客户再次前往该营业厅，告知自己房产证没有下来，工作人员告知客户需村委开的证明，客户11月3日再次携带所开证明及材料到该营业厅办理，工作人员告知需客户提供厂家设备清单，工作人员[未告知办理低压非居民新装业务需携带房屋产权证明材料，造成客户重复往返]。工作人员信息：[营业厅专门办理业务的两名穿着绿色工作服的男性工作人员]，查询系统中业务办理情况为：低压非居民新装申请材料：所有证件需要原件和复印件，复印件需加盖单位公章。1.产权所有人及经办人身份证、营业执照或组织机构代码证）；2.房屋产权证明；3.用电申请（用电负荷、特殊负荷等情况）。[事件发生未超过3个月]，请相关部门尽快核实处理。【b】/【c】				
受理意见：	关联录音工单：2 2				
座席满意度：		是否匿名：	否	是否保密：	否
同组受理工单号：				挂机时间：	2020-11-04 13:33:40

图 3－153 客户服务支撑系统中该客户投诉工单记录

2. 信息化监测及数据化研判

营销稽查人员通过电力营销业务应用系统查询，该客户 11 月 10 日完成低压非居民新装流程（见图 3－154），投诉反映情况需现场核实。

3. 现场核实

经现场核实，具体办理过程与客户反映情况一致，确实存在未一次性告知到位，导致客户 4 次往返营业厅，客户投诉属实。为客户提供服务的分别为供电所网格经理韩××、供电所窗口工作人员杨××。

投诉发生后，工作人员协助客户通过网上国网 APP，使用身份证、营业执照、产权证明等资料申请新装业务（见图 3－155），并于 11 月 10 日现场送电，客户表示认可。

图 3-154 电力营销业务应用系统中该客户立户时间

图 3-155 客户服务支撑系统中该客户网上国网及申请资料

4. 整改成效

（1）依据员工奖惩规定，××供电公司对网格经理韩××、供电所窗口工作人员杨××进行通报批评和绩效考核。

（2）依据《国家电网公司供电服务规范》，通过网上国网 APP 办理成功，送电后取得客户谅解。

5. 稽查依据

《国家电网公司供电服务质量标准》第 6.7 条：对客户用电申请资料的缺件情况、受电工程设计文件的审核意见、中间检查和竣工检验的整改意见，均应以书面形式一次性完整告知，由双方签字确认并存档。

《国家电网公司员工服务"十个不准"》第四条规定：不准违反业务办理告知要求，造成客户重复往返。

6. 防控措施

（1）严格执行服务标准。本案例所反映问题是各行业都存在的普遍问题，是每个客户感受服务好坏的最切身体会，特别容易引发投诉。供电公司员工要坚决执行《国家电网公司供电服务质量标准》，必须做到一次性告知，提高客户办电效率，杜绝投诉。

（2）推广互联网＋营销新模式。建立多元化办电方式，开通 95598 网站、智能终端等电子化办理渠道，采用线上网上国网、线下营业厅两种模式，为客户提供选择多样、智能互动的服务。

（3）强化包片服务。要充分发挥台区网格经理作用，对所辖区域内客户的办电需求应及时掌握，对客户遇到的问题要及时沟通、主动协助办理，提高客户获得电力指数。

3.6 新兴业务数字化稽查应用和实操

随着电力体制改革的不断深入，电网企业的管理方式和经营模式受到重大的影响，企业的发展前景面临着严峻的考验，这就要求新兴业务为企业发展创造更多效益，做出更大贡献。同时，输配电网络作为连接电厂、购售电主体、用电客户的桥梁，使得电网企业拥有大量的客户资源和服务渠道，是最有潜力往综合能源服务发展路径转变的市场化竞争的参与者，也是电力直接交易、市场化售电结算、新能源电厂并网的服务者。

新兴业务重点风险防控方向是对涉及市场化客户采集、现货月结电量与中长期结算电量、新型交易、市场化客户认定、电力直接交易、电力需求响应、综合能源服务、充换电设施、市场化售电、光伏电站（含集中式、分布式、户用）并网结算与补贴转付、"网上国网"运营等新兴业务规范性开展预警工作，切实加强业务规范性管理，助推新兴业务顺利拓展实施。

以下案例选取新兴业务和现场服务工作中的典型性、普发性和重点风险稽查主题实操应用场景。

3.6.1 扶贫光伏电站发电异常

1. 基本情况

××电力××发电有限责任公司××县××光伏扶贫电站，发电户性质光伏发电，为公用电厂，升压变压器容量为20000kVA，2018年11月30日并网发电，并网电压等级35kV，装机容量20MW。该项目于2017年12月27日取得××省发展改革委员会批复，项目帮扶贫困户667户，总投资1.3亿元，分两次并网，2018年11月30日并网容量3MW，2019年10月30日并网容量17MW，年平均发电量约3200万kWh。

2. 信息化检测及数据化研判

营销稽查人员通过电力营销业务应用系统和变电站及电厂电能信息采集系统核对客户电量发现，该客户2021年4—8月期间，每月的发电功率最大值分别为 19754、18816、18102、18242kW 和 18256kW，每月功率值均接近升压变压器容量 20000kVA（见图 3 - 156），最大值达到变压器容量的 98%。该发电户 2021 年 4—8 月的月均发电量超 28 万 kWh（见图 3 - 157），2020 年该客户年有效利用小时数达 1504.58h。根据相关信息分析研判，该发电户可能存在私自超容量并网违约用电行为（根据《全国各省市光伏电站最佳安装倾角、发电量、年有效利用小时数速查表》，该地区为二类地区，光伏电站最佳安装角度为 28°，峰值日照时数 4.04h/d。据此得出并根据实际情况测算，该地区光伏电站发电年有效利用小时数一般为 1475h 左右）。

序号	变电站	计量点	电表资产号	需量值（kW）	发生时间	采集时间	费率类型
1	/220kV 变… 35kV 线 （计费表，主表）	143000115C	19754.0000	2021-04-28 12:01:00	2021-04-30 00:00:00	总
2	/220kV 度… 35kV 线 （计费表，主表）	143000115C	0.0000	2008-01-01 00:00:00	2021-04-30 00:00:00	尖
3	/220kV 变… 35kV 线 （计费表，主表）	143000115C	18256.0000	2021-04-28 10:59:00	2021-04-30 00:00:00	峰
4	/220kV 变… 35kV 线 （计费表，主表）	143000115C	19740.0000	2021-04-28 12:01:00	2021-04-30 00:00:00	平
5	/220kV 变… 35kV 线 （计费表，主表）	143000115C	2170.0000	2021-04-27 06:59:00	2021-04-30 00:00:00	谷

图 3 - 156　变电站及电厂电能信息采集系统中 2021 年 4 月客户需量示值（19754kW）

序号	计量点	变电站	数据时间	费率	倍率	正向有功	反向有功	正向无功	反向无功
1	35kV 线	220kV 变电站	2021-02	总	140000	14000	2487800	72800	173600
2	35kV 线	220kV 变电站	2021-03	总	140000	12600	2550800	72800	182000
3	35kV 线	220kV 变电站	2021-04	总	140000	9800	2644600	64400	183400
4	35kV 线	220kV 变电站	2021-05	总	140000	9800	3325000	58800	226400
5	35kV 线	220kV 变电站	2021-06	总	140000	8400	2812600	56000	175000
6	35kV 线	220kV 变电站	2021-07	总	140000	9800	2528400	58800	161000
7	35kV 线	220kV 变电站	2021-08	总	140000	11200	2842000	64400	182000
8	35kV 线	220kV 变电站	2021-09		140000				

图 3 - 157　变电站及电厂电能信息采集系统中 2021 年 2—8 月客户反向有功示值

3. 现场核实

2021 年 9 月 23 日，营销稽查人员到现场进行客户用电安全检查服务，了解到现场光伏组件采用×能 320/325 多晶硅，共计 64836 块（见表 3 - 8）。每 14/16 台汇流箱并联至一台 1250kW 集中式逆变器，通过逆变器将直流变为交流 360V 后接入一台箱式变压器升压至 35kV。共计 16 个 1250kW 光伏发电阵列，配套建设一座 35kV 开关站，以一回接入 220kV ×× 变电站。

由于现场各型号光伏组件数量无法确定，本案例暂以 320 规格进行现场装机容量计算，得出 320W×64836 块＝20.74752MW，超出该客户报装容量 20MW，可以判定该发电户存在超容并网。

表 3 - 8	项 目 组 件 明 细		
序号	光伏区		
1	光伏组件	块	64836
2	支架	组	1801
3	桩基	根	10806
4	汇流箱	个	239
5	箱逆变	台	16

此外，该电厂围墙外另运行 1 台变压器，变压器铭牌容量为 250kVA（见图 3 - 158）。该变压器为客户的 10kV 施工电源，项目施工完成并网发电后至今，未进行拆除或转正式用电。因根据电压等级划分客户的管理单位，10kV 施工电源立户由县供电公司管理，35kV 发电户由地市供电公司客服中心管理，故漏收该客户高可靠性供电费。

图 3 - 158 现场施工电源变压器

随即，营销稽查人员向客户下达《用电检查结果通知书》，客户对超容并网和漏收高可靠性供电费进行签章确认。

4. 整改成效

（1）客户现场实际装机容量为 20747.52kW，发电并网容量为 20000kW，超容并网运行 747.52kW。按规定收取违约使用电费：747.52kW×500 元/kW＝373760 元。

（2）督促该发电户拆除私自并网的光伏板组件。

（3）针对临时施工电源，2021 年 9 月 30 日，该客户已与管理单位提出销户业务申请，进行销户处理。

5. 稽查依据

《供电营业规则》第一百条第六款：未经供电企业同意，擅自引入（供出）电源或将备用电源和其他电源私自并网的，除当即拆除接线外，应承担其引入（供出）或并网电源容量每千瓦（千伏安）500 元的违约使用电费。

6. 防控措施

（1）光伏项目验收要做到装机容量的细致核查。对于规模较大的光伏电站项目验收，在核定现场装机容量时，可通过项目验收资料或项目组件设备安装明细等进行查实，从而确定客户报装容量与现场实际容量是否一致。

（2）临时施工电源的业务流程处理。针对普遍存在的已经正式并网发电的光伏电站临时施工电源，要及时提醒客户是否保留施工电源，并按相关规定进行业务流程处理。

（3）针对光伏集中电站发电客户，通过对档案并网容量信息与实际最大发电负荷和周期性发电量信息校核，在营销稽查监控系统增加发电效能自动校核和提示功能，对"超容发电""低效能发电"异常情况实现常态化监控预警，及时发现光伏客户发电异常，查清异常原因，督促整改。

3.6.2 市场化交易电费执行不到位

1. 基本情况

××煤业有限公司，报装容量 6380kVA，执行大工业电价，一般工商业定比 5%，主要以煤炭采选为主，且双电源互为备用。两条专线分别为 10kV ××525 线（简称计量点 1，电能表资产编号：1********7，综合倍率 8000），10kV ××595 线（简称计量点 2，电能表资产编号：1********4，综合倍率 6000）。

该客户 2019 年 1 月进入市场化交易，算费例日每月 25 日，2020 年 8 月购售同期后新增 1 日算费例日，每月核算两次电费：25 日发行本月 1—24 日的电量电费；次月 1 日冲退上月 25 日发行电费后重新核算发行上月 1 日至月末的电量电费。基本电费计算方式为实际最大需量，取两个计量点需量最大值，月均用电量约 80 万 kWh。

2. 信息化监测及数据化研判

营销稽查人员通过电力营销业务应用系统、市场化售电系统核对客户

2020年8月调平电量时发现，该客户调平电量超出电力营销业务应用系统市场化结算电量的10%的阈值，达到电力营销业务应用系统市场化结算电量的97.4%。

电力营销业务应用系统市场化结算电量＝抄见电量＋损耗电量－分表电量＋退补电量－非市场化电量，市场化售电系统结算电量＝全月每15min结算电量的总和，调平电量＝营销业务应用系统市场化结算电量－市场化售电系统结算电量，正常情况下调平电量主要为非市场化电量和损耗电量。该客户8月电力营销业务应用系统结算电量415820kWh，其中非市场化部分执行一般工商业（非居）电价结算电量20791kWh，执行交易电价的市场化结算电量395029kWh。市场化售电系统结算现货电量为779817kWh，调平电量为384788kWh。由于非市场化电量仅为20791kWh，无线变损，调平电量远超出非市场化电量范围，基本判定该客户当月电量存在异常。

3. 异常核实

核实电力营销业务应用系统中8月25日（见图3-159）和9月1日（见图3-160）两次核算记录可以发现，该客户9月1日电量小于8月25日电量，明显存在异常，且9月1日核算记录抄表起始时间为8月25日，8月1—25日期间电量丢失。

图3-159　电力营销业务应用系统中该客户8月25日电量和起始示数

通过电力营销业务应用系统、电力用户用电信息采集系统、市场化售电系统计量点在算费例日指示数进行对比（见表3-9）可以发现，计量点1的电量确实缺失8月1—25日电量，电量＝（2163.84kWh－2113.21kWh）×8000＝405040kWh。其中非市场化电量为405040kWh×0.05＝20252kWh，市场化电量为384788kWh，合计该客户应执行市场化电量为779817kWh，与市场化售电系统现货结算电量 779817kWh 比较后，电量相同。

图 3-160　电力营销业务应用系统中该客户 9 月 1 日电量和起始示数

表 3-9　　　　　　　　　抄 表 示 数 对 比

例日	计量点名称	电力营销业务应用系统			电力用户用电采集系统			市场化售电系统		
		8月1日	8月25日	8月31日	8月1日	8月25日	8月31日	8月1日	8月25日	8月31日
25 日	计量点 1	2113.21	2163.84		2113.21	2163.84		2113.21	2163.84	
31 日	计量点 1		2163.84	2178.04	2113.21	2163.84	2178.04	2113.21	2163.84	2178.04

4. 整改成效

（1）追补电量：（2163.84kWh－2113.21kWh）×8000＝405040kWh。

其中：市场化电量：405040kWh×0.95＝384788kWh；

一般工商业电量：405040kWh×0.05＝20252kWh。

（2）追补电费：

1）交易电费：384788kWh×0.46015 元/kWh＝177060.20 元；

一般工商业电费：20252×0.7367＝14919.64 元。

2）追补功率因数调整电费：5398.73 元。

3）退 95 折扣优惠电费：12057.73 元。

合计追补电量 405040kWh，追补电费 185320.84 元。

5. 稽查依据

（1）山西省电力公司《供电企业营业电费管理工作标准》第三章第 3.5 节：核算电费后，进行电量电费自检，发生异常时，生成异常报告单转相关部门处理，并统计编制异常处理情况台账。

（2）《国家电网有限公司关于严格执行国家阶段性降低企业用电成本政策

有关要求的通知》（国家电网财〔2020〕82号）：自2020年2月1日—6月30日（后延续至2020年12月31日），对除高耗能行业以外执行一般工商业及其他电价、大工业电价的电力客户（含已参与市场交易客户），统一按原价到户电价水平的95％结算。

6. 防控措施

（1）完善系统程序。该客户在一个算费周期内存在变更工单，当系统在运行此类程序时，较容易出现丢失电量的错误，在电力营销业务应用系统增加变更工单提示和次月1日电量必须大于上月25日电量的校验规则，将很大程度上降低此类问题的发生。

（2）加强核算人员对有变更流程的算费工单的重视程度。该案例中由于核算人员在算费时未认真审核算费明细中的抄表电量环节就直接发行电费，从而造成电量的丢失。核算人员应在审核客户变更流程时存档，便于算费时做到对此类客户的特别关注。

（3）加强调平电量分析。电力营销业务应用系统、电力用户用电信息采集系统、市场化售电系统三个系统可以彼此验证抄表电量的正确性，且市场化售电系统具有每日提示异常数据功能，可较早预见相关电量问题的发生。因此按期认真核对调平电量，及时发现异常。

（4）提高自动采集率，避免手工抄表情况。为避免抄表时间与当日电量不对应的情况，在审批计量工单时，加入校验条件要求工作人员自动抄表。

3.6.3 充换电设施商民混用

1. 基本情况

A充电桩，2017年8月10日立户，电压等级380V，用电类别城镇居民生活用电，用电性质为个人充电桩自用。该客户报装容量40kW，执行合表居民生活电价0.487元/kWh，月均用电量1.5万kWh。

B充电桩，2017年5月24日立户，电压等级380V，用电类别城镇居民生活用电，用电性质为个人充电桩自用。该客户报装容量20kW，执行分时合表居民生活电价（峰段0.517元/kWh，谷段0.2922元/kWh），月均用电量6651kWh。

2. 信息化检测及数据化研判

10 月 20 日，营销稽查人员通过电力营销业务应用系统和电力用户用电信息采集系统核对客户电量发现，A 充电桩 2021 年以来，月均用电量均较大，少则 1 万 kWh，多则 2 万 kWh（见图 3－161）。B 充电桩 2021 年以来，月用电量少则 4700kWh，多则 7520kWh（见图 3－162）（据调研，××地区普通家庭一般拥有车辆数量为 1～2 辆，多则 3 辆。本案例以比亚迪 E6 纯电动车为例，一辆车充满电需 70～80kWh，充电时间约 2 个小时，充一次电可行驶 200～250km）。

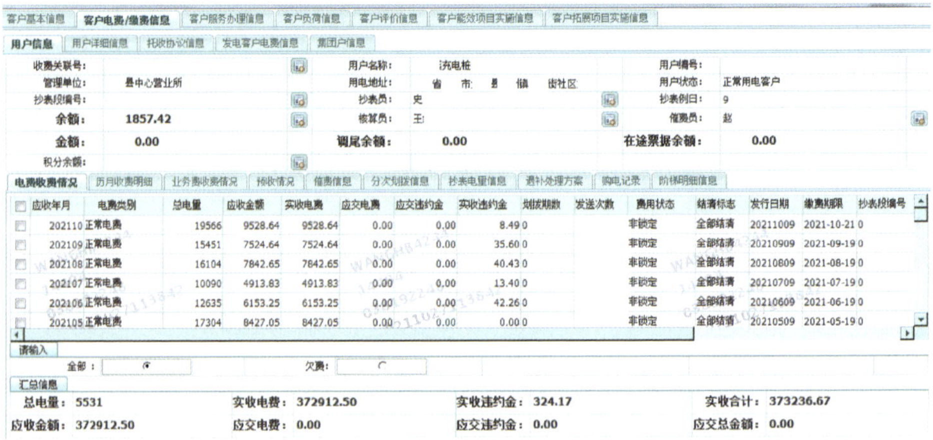

客户基本信息 | 客户电费/缴费信息 | 客户服务办理信息 | 客户负荷信息 | 客户评价信息 | 客户能效项目实施信息 | 客户拓展项目实施信息

用户信息 | 用户详细信息 | 托收协议信息 | 发电客户电费信息 | 集团户信息

收费关联号： 用户名称：充电桩 用户编号：
管理单位：县中心营业所 用电地址：省 市 县 镇 街社区 用户状态：正常用电客户
抄表段编号： 抄表员：史 抄表例日：9
余额：1857.42 核算员：王 催费员：赵
金额：0.00 调尾余额：0.00 在途票据余额：0.00
积分余额：

电费收费情况 | 历月收费明细 | 业务费收费情况 | 预收情况 | 催费信息 | 分次划拨信息 | 抄表电量信息 | 退补处理方案 | 购电记录 | 阶梯明细信息

应收年月	电费类别	总电量	应收金额	实收电费	应交电费	应交违约金	实收违约金	划拨期数	发送次数	费用状态	结清标志	发行日期	缴费期限	抄表段编号
202110	正常电费	19566	9528.64	9528.64	0.00	0.00	8.49	0		非锁定	全部结清	20211009	2021-10-21	0
202109	正常电费	15451	7524.64	7524.64	0.00	0.00	35.60	0		非锁定	全部结清	20210909	2021-09-19	0
202108	正常电费	16104	7842.65	7842.65	0.00	0.00	40.43	0		非锁定	全部结清	20210809	2021-08-19	0
202107	正常电费	10090	4913.83	4913.83	0.00	0.00	13.40	0		非锁定	全部结清	20210709	2021-07-19	0
202106	正常电费	12635	6153.25	6153.25	0.00	0.00	42.26	0		非锁定	全部结清	20210609	2021-06-19	0
202105	正常电费	17304	8427.05	8427.05	0.00	0.00	0.00	0		非锁定	全部结清	20210509	2021-05-19	0

请输入
全部： 欠费：

汇总信息
总电量：5531 实收电费：372912.50 实收违约金：324.17 实收合计：373236.67
应收金额：372912.50 应交电费：0.00 应交违约金：0.00 应交总金额：0.00

图 3－161 电力营销业务应用系统中 2021 年 5—10 月电量值（A 充电桩）

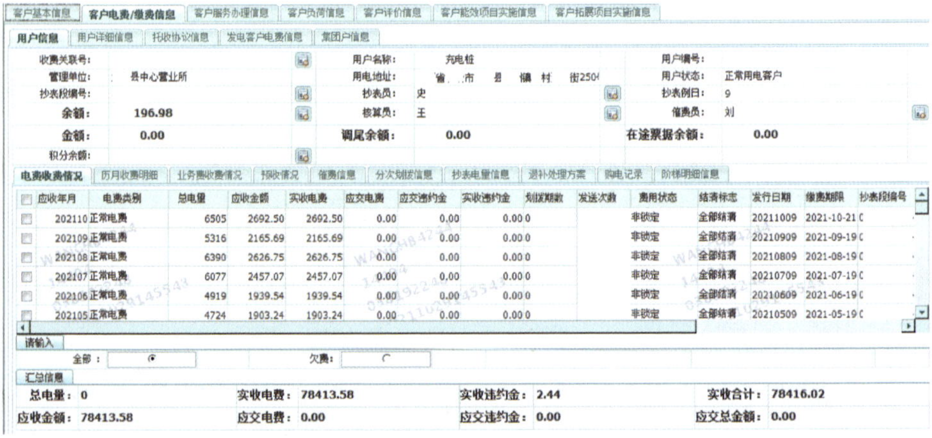

客户基本信息 | 客户电费/缴费信息 | 客户服务办理信息 | 客户负荷信息 | 客户评价信息 | 客户能效项目实施信息 | 客户拓展项目实施信息

用户信息 | 用户详细信息 | 托收协议信息 | 发电客户电费信息 | 集团户信息

收费关联号： 用户名称：充电桩 用户编号：
管理单位：县中心营业所 用电地址：省 市 县 镇 村 街250 用户状态：正常用电客户
抄表段编号： 抄表员：史 抄表例日：9
余额：196.98 核算员：王 催费员：刘
金额：0.00 调尾余额：0.00 在途票据余额：0.00
积分余额：

电费收费情况 | 历月收费明细 | 业务费收费情况 | 预收情况 | 催费信息 | 分次划拨信息 | 抄表电量信息 | 退补处理方案 | 购电记录 | 阶梯明细信息

应收年月	电费类别	总电量	应收金额	实收电费	应交电费	应交违约金	实收违约金	划拨期数	发送次数	费用状态	结清标志	发行日期	缴费期限	抄表段编号
202110	正常电费	6505	2692.50	2692.50	0.00	0.00	0.00	0		非锁定	全部结清	20211009	2021-10-21	(
202109	正常电费	5316	2165.69	2165.69	0.00	0.00	0.00	0		非锁定	全部结清	20210909	2021-09-19	(
202108	正常电费	6390	2626.75	2626.75	0.00	0.00	0.00	0		非锁定	全部结清	20210809	2021-08-19	(
202107	正常电费	6077	2457.07	2457.07	0.00	0.00	0.00	0		非锁定	全部结清	20210709	2021-07-19	(
202106	正常电费	4919	1939.54	1939.54	0.00	0.00	0.00	0		非锁定	全部结清	20210609	2021-06-19	(
202105	正常电费	4724	1903.24	1903.24	0.00	0.00	0.00	0		非锁定	全部结清	20210509	2021-05-19	(

请输入
全部： 欠费：

汇总信息
总电量：0 实收电费：78413.58 实收违约金：2.44 实收合计：78416.02
应收金额：78413.58 应交电费：0.00 应交违约金：0.00 应交总金额：0.00

图 3－162 电力营销业务应用系统中 2021 年 5—10 月电量值（B 充电桩）

以一个家庭拥有 1 辆车来计算，一天最多充电 2 次，每天用电量为 1 辆×2

次×80kWh＝160kWh，每月用电量为 160kWh×30 天＝4800kWh。按此推算，A 充电桩月均用电量 1.5 万 kWh，每天至少要有 3 辆车需要充电，B 充电桩月均用电量 6651kWh，每天至少要有 1.39 辆车需要充电，而且两客户每天的行驶里程要达到 400～500km。根据上述分析，如果是正常家庭用车，即使拥有足够数量的车辆，每天的行驶里程数也达不到。初步判断，客户电动汽车充换电设施存在商民混用的情况，有疑似对外提供充电服务的行为。

3. 现场核实

2021 年 10 月 22 日，××供电公司营销稽查人员到现场进行客户用电安全检查服务。

A 充电桩安装于县城内一汽车修理厂院内，周边非居民家庭住宅或居民住宅小区。经向客户了解，该客户拥有 3 辆出租车运营载客，日常均在此充电桩充电。但现场检查发现，一辆正在充电的出租车，该车车主身份并非用户本人。通过上述分析，客户存在对非本人的运营车辆进行充电服务，现场用电性质发生改变。其次，该客户立户时，客户管理单位工作人员未对客户报装资料审核清楚，在非居民家庭住宅或非居民住宅小区内进行报装（见图 3‑163）。

B 充电桩安装于自家院落门洞位置，经了解，该客户拥有电动汽车 1 辆。现场检查发现，该客户充换电设施安装位置墙面贴有微信收费二维码，且充换电设施安装位置较低，接线箱出线处电线裸露，存在安全用电隐患（见图 3‑164）。

图 3‑163　A 充电桩安装位置

图 3-164　B 充电桩安装位置

4. 整改成效

（1）两客户改变用电类别进行用电，导致电价执行不到位，存在实际执行电价（合表电价）与商业电价的差价电费。以 2021 年 10 月电量电费为例计算，两客户差价电费如下：

A 充电桩，2021 年 10 月用电量 19566kWh，执行居民合表电价 0.487 元/kWh。通过电力用户用电信息采集系统查询，客户 10 月电量峰段 8944kWh，平段 9251kWh，谷段 1371kWh。一般工商业客户电价，峰段 0.7667 元/kWh，平段 0.5309 元/kWh，谷段 0.3116 元/kWh。

差价电费：（8944×0.7667＋9251×0.5309＋1371×0.3116）元－19566kWh×0.487 元/kWh＝2667.28 元。按此测算，一年累计差价电费达 32007.36 元（2667.28 元×12＝32007.36 元），该电费为供电企业少收取费用。

B 充电桩，2021 年 10 月用电量 6505kWh，执行居民分时合表电价（峰段 0.517 元/kWh、谷段 0.2922 元/kWh）。其中电量峰段 3522kWh，谷段 2983kWh。由于该客户表计设置只有峰谷两时段，故该客户差价电费以一般工商业的平时段电价 0.5309 元/kWh 为依据进行计算。该客户拥有 1 辆电动汽车，10 月用电量明显高于理论月用电量 4800kWh，所以该客户超出电量 1705kWh（6505kWh－4800kWh＝1705kWh），应以一般工商业电价收取电费。

差价电费：1705kWh×0.5309 元/kWh－（923×0.517＋782×0.2922）元＝199.49 元。按此测算，一年累计差价电费达 2393.88 元（199.49 元×12＝2393.88 元），该电费为供电企业少收取费用。

（2）两客户私自改变用电类别用电，违反《供电营业规则》第一百条第一款规定，对周边商户造成不良社会影响。已督促管理单位对客户用电进行规范。

（3）督促客户限期对充换电设施安装位置进行上移，同时对裸露导线部位进行绝缘处理，避免人为碰触，及时消除安全隐患。

5. 稽查依据

《供电营业规则》第一百条第一款：在电价低的供电线路上，擅自接用电价高的用电设备或私自改变用电类别的，应按实际使用日期补交齐差额电费，并承担二倍差额电费的违约使用电费。使用起讫日期难以确定的，实际使用时间按三个月计算。

《山西省物价局关于居民用电试行峰谷分时电价政策的通知》（晋价商字〔2015〕357 号）：

电网企业营业区内能够直接抄表到户的居民用户安装电动汽车充换电设施，生活用电与电动汽车充换电设施用电未分表计量的，统一执行合表用户电价标准；生活用电与电动汽车充换电设施用电分表计量的，生活用电执行阶梯电价标准，电动汽车充换设施用电执行合表用户电价标准。

选择执行峰谷分时电价的充换电设施居民用户，执行相应的峰谷分时电价。峰谷分时划分：峰段 8：00—22：00；谷段 22：00—次日 8：00。

6. 防控措施

（1）规范电动汽车充换电设施用电行为。客户管理单位应向市场监督管理局、能源局上报充换电设施商民混用的情况，进一步规范电动汽车充换电设施用电行为。

（2）完善营销稽查监控系统预警功能。营销职能部门应对营销稽查监控系统进行充换电设施月用电量阈值设定，同时加强营销工作人员对电动汽车充换电设施用电电量异常信息的日常监控。

（3）提高业扩报装人员的业务能力。加强业扩报装人员对居民家庭住宅、居民住宅小区电动汽车充换电设施执行电价政策的甄别能力，认真做好现场勘查工作，避免出现充换电设施商民混用的情况。

（4）不定期开展安全用电服务。电力营销部门要不定期对客户充换电设施经营、使用的安全状况等进行例行检查，发放充换电设施用电业务《一次性告知书》及《安全用电建议书》，对存在的安全隐患，应当及时采取措施予以消除。

3.6.4　战略性新兴产业客户到户电价过高

1. 基本情况

××矿泉水有限公司，2015年2月9日新装立户，35kV供电，报装容量3200kVA，用电类别为大工业用电，从事天然矿泉水饮品、饮用天然山泉水、果汁饮料加工及销售的一家制造业企业，为××地区经济发展的主要支撑性企业。该客户2021年1月开始执行战略性新兴产业市场交易电价0.14805元/kWh（战略性新兴产业客户的电力直接交易价格，按照到户目标电价减去输配电价、政府基金及附加和容量电价后确定）。

战略性新兴产业指的是《山西省"十四五"14个战略性新兴产业规划》中全力打造支撑高质量转型发展的4大支柱型产业、5大支撑型产业、5大潜力型产业。

2. 信息化检测及数据化研判

营销稽查人员通过电力营销业务应用系统数据筛查发现该客户2021年3月总电量为88900kWh，电费76334.21元（见图3-165），到户均价0.8587元/kWh。根据关于《战略性新兴产业电价机制实施方案》（晋能源电力发〔2020〕494号）的通知，2021年输配电价大工业客户35kV终端目标电价为0.325元/kWh，该客户到户价格为0.8587元/kWh，其中大工业部分客户电价为0.87554元/kWh，远超目标电价0.325元/kWh。

3. 现场核实

2021年4月3日，营销稽查人员通过对电力营销业务应用系统的数据进行分析，客户2021年3月到户均价受四方面因素影响：非市场化电费均价、功率因数电费均价、基本电费均价、市场化电费均价。

（1）非市场化电费均价。2021年3月客户一般工商业（非居）电量占比15%，一般工商业非居电量13335kWh，电费9523.86元，均价0.7142元/kWh。一般工商业（非居）用电不参与市场化交易，因此不具备享受战新电

图 3-165　2021 年 3 月客户电量电费电力营销业务系统截图

价优惠的条件，但是影响战新客户的整体到户价格，降低一般工商业（非居）电量占比可降低该客户电费均价，因此 2021 年 4 月营销稽查人员到客户现场进行分类电价的重新核实，现场核定一般工商业（非居）占比 15% 符合客户现阶段实际情况，此项不能作为客户到户均价的影响因素。

（2）功率因数调整电费均价。客户的功率因数考核系数分别为大工业 0.9，一般工商业非居 0.85，客户 3 月功率因数调整系数为 0.92，应奖励客户 260.14 元，平均降低 0.007756 元/kWh。功率因数系数超过核定值将起到降低到户均价的作用，此项不能作为客户到户均价升高的影响因素。

（3）基本电费均价。根据客户立户以来的实际情况，月平均用电量 8 万 kWh，每月平均需量 800kW 左右，客户基本电费按照合约最大需量 1280kW 计收基本电费 46080 元，平均执行大工业电价的电量均摊基本电费为 0.60981 元/kWh。客户当月的实际需量值为 686kW，如果按照实际需量值计收基本电费，则基本电费的均摊价格为 0.32682 元/kWh，可降低 0.28299 元/kWh。两种基本电费计收方式相比较，按实际最大需量计收基本电费显然优于按合约最大需量计收基本电费，此项为客户到户均价升高的主要影响因素。

（4）市场化电量到户均价。市场化电价由输配电价和交易电价组成。山西省 2021 年 35kV 客户输配价格为 0.126969 元/kWh，战略性新兴产业市场交易电价为 0.14805 元/kWh，合计 0.275019 元/kWh。其中峰时段为 0.388344 元/kWh，谷时段为 0.169627 元/kWh。由于 2021 年 3 月执行峰谷计费，客户当月市场化电量为 75565kWh，电费为 20990.46 元，均价为 0.27778 元/kWh。较现货期执行平段电价高出 0.002761 元/kWh。客户可在非现货期，合理安排生产时间，降低到户均价。由于 4 月客户将进入现货期，不计峰谷，因此此项不能作为客户到户均价升高的影响因素。

通过上述数据分析，在客户生产方式不发生重大改变的情况下，基本电费计收方式是影响客户到户均价的主要因素（见表 3‑10）。

表 3‑10　　　　　　　　该户到户电价对比分析

基本电费执行方式	电价	电量	电度电费金额	电度均价	力调电费	力调均价
合约需量	输配大工业	75565	20990.46	0.27778	−190.25	−0.002518
实际需量	输配大工业			0.27778	−126.098	−0.001669
差价						

基本电费执行方式	电价	基本电费	基本电费均价	合计均价	到户均价	电费
合约需量	输配大工业	46080	0.600277	0.875540	0.8587	76334.21
实际需量	输配大工业	24696	0.32682	0.602931	0.728042	64722.95
差价					0.130657	11611.25

4. 整改成效

（1）更改基本电费计收方式降低基本电费。2021 年 4 月将基本电费计费方式由合约最大需量改为按实际需量计费。2020 年 4 月该户实际最大需量值 959kW，较上月执行合约最大需量节约基本电费 8556 元。

（2）通过跟客户的多次沟通和建议，2021 年 7 月客户通过调整生产方式等多种途径增加用电量，降低基本电费均价。以 7 月为例，客户用电量达到 12.019 万 kWh，基本电费均价降低 0.34982 元/kWh。

5. 稽查依据

根据山西省能源局《关于印发〈战略性新兴产业电价机制实施方案〉的通知》（晋能源电力发〔2020〕494 号）：

附件 1 第一部分第三节总体目标：创新电力交易机制，实现用户终端电

价 0.3 元/kWh 的目标（用电电压等级为 110kV 及以上），加快培育壮大 14
个战略性新兴产业。

附件 2《不同电压等级电价计算过程》中 2021 年输配电价模式：35kV 到
户电价 0.325 元/kWh、输配电价 0.0836 元/kWh、容量电价 0.05 元/kWh、
交易电价 0.14805 元/kWh。

6. 防控措施

（1）选择合适的基本电费计收方式。通过深入企业走访调研，详细了解
企业生产经营状况、用电管理模式、主要用电设备情况和企业未来发展动向。
根据客户的生产特点，及时引导客户选择适合的基本电费计收方式，确保客
户现有经营模式下基本电费均价最低。

（2）调整分类电量占比。根据客户生产负荷情况，调整生产班次错峰生
产，每年现场核定分类电量比例，通过调整占比等策略，降低客户用电成本。

（3）提高客户用电设备经济运行水平。建议客户增设无功补偿装置及监
控手段，增加功率因数奖励电费，降低客户到户均价。

（4）做好客户服务。关注客户的生产状况，用电习惯，为客户优化用电
策略。持续提升客户"获得电力感"，为战略新兴企业高质量发展注入新
动能。